Beschäftigungsfolgen moderner Technologien

Beschäftigungsfolgen moderner Technologien

Herausgegeben von
Karl Heinrich Oppenländer

Walter de Gruyter · Berlin · New York 1991

Professor Dr. Karl Heinrich Oppenländer
Präsident des Ifo-Instituts für Wirtschaftsforschung, München

Das Buch enthält 14 Abbildungen und 1 Tabelle

♾ Gedruckt auf säurefreiem Papier,
das die US-ANSI-Norm über Haltbarkeit erfüllt.

CIP-Titelaufnahme der Deutschen Bibliothek

Beschäftigungsfolgen moderner Technologien / hrsg. von Karl Heinrich Oppenländer. – Berlin ; New York : de Gruyter, 1991
ISBN 3-11-012762-8
NE: Oppenländer, Karl Heinrich [Hrsg.]

Printed in Germany
Satz und Druck: Arthur Collignon GmbH, Berlin
Buchbinderische Verarbeitung: Lüderitz und Bauer GmbH, Berlin
Einband: Johannes Rother, Berlin

Vorwort

Der Bundesminister für Forschung und Technologie hat es dem wissenschaftlichen Beirat zur META-II-Studie, die von ihm initiiert und finanziert wurde, dankenswerter Weise ermöglicht, in einer Klausurtagung abschließend Stellung zur Studie zu nehmen. Das Ergebnis ist in diesem Band niedergelegt.

Es war die Aufgabe der Klausurtagung, die Ergebnisse der META-II-Studie analytisch und methodisch zu durchleuchten und im Hinblick auf die Zielsetzung zu hinterfragen. So mußte etwas über die Forschungsdurchführung und das Forschungsmanagement ausgesagt werden, wobei insbesondere auf die Zusammenarbeit zwischen Auftraggeber und Auftragnehmer, dem wissenschaftlichen Beirat und dem Koordinator einzugehen war. Da dieser Studie große Bedeutung zukommt, war nach dem wissenschaftlichen Fortschritt, den Erträgen und Defiziten zu fragen, auch im Hinblick auf vergleichbare, bis dahin schon veröffentlichte Studien. Schließlich sollten die zukünftigen Aufgaben, die sich möglicherweise aus den noch ungelösten Problemen ergeben, angesprochen werden.

In Teil A ist die Forschungsplanung und Durchführung des Projektes behandelt worden. Teil B vergleicht die Wirkung von Meta I in bezug auf Meta II. Teil C verdeutlicht die ausgewerteten Methoden in ihren Restriktionen und in ihrem Aussagewert. Hier kommen vor allem die Fragen der Freisetzungsmodellierung, der Konstruktion von Input-Output-Modellen in Verbindung mit integrierten ökonometrischen Nachfragefunktionen und der Einsatz von Technologieverflechtungsmatrizen zur Sprache. Ergänzt wird diese Betrachtung im Teil D durch Hinweise auf die Trennung von Arbeitsmarkt und Beschäftigung im Meta-II-Gutachten sowie auf die Bedeutung des Zeitfaktors bei der Beurteilung des Innovationsprozesses und seiner Auswirkung auf die Veränderung des Arbeitsvolumens. In den Teilen E und F sind die Problematik von Anreicherung, Fortschritt und Defizit der Wissenschaft durch die Meta-II-Studie noch einmal zusammenfassend erörtert, ebenso wie die Ergebnisse und die weiterführenden Vorschläge, die sich aus der Klausurtagung ergaben. Die einzelnen Teile werden jeweils durch einen zusammenfassenden Abschnitt abgeschlossen. Der

Beitrag von Matzner wurde später eingefügt. Er konnte deshalb nicht diskutiert werden.

Ich danke ausdrücklich dem BMFT und dem Verlag für die bereitwillige Förderung sowie die Veröffentlichung. Dieser Band ist auch in erster Linie in Verbindung mit den anderen, in diesem Verlag erschienenen Studien zu sehen. Eine Übersicht über diese Veröffentlichungen findet sich am Ende dieses Bandes.

München, Frühjahr 1991 Karl Heinrich Oppenländer

Inhalt

A. Forschungsplanung und Durchführung des Projekts

B. Die Meta-Studien – Erfordernisse und Defizite

C. Angewandte Methoden – Restriktionen und Aussagewert

D. Innovation und Arbeitsmarkt – Zwei spezifische Betrachtungen

E. Wissenschaftsanreicherung, Wissenschaftsfortschritte, Wissenschaftsdefizite

F. Ergebnisse der Klausurtagung

A. Forschungsplanung und Durchführung des Projekts

I. Planung und Durchführung der Meta-II-Studie aus der Sicht des Auftraggebers

G. Albrecht-Lohmar

1. Ziel der Klausursitzung

Bei der letzten „ordentlichen Sitzung" des wissenschaftlichen Begleitausschusses waren sich BMFT und Beirat einig darüber, daß eine *Gesamtwürdigung* der Meta-II-Studie noch fehle. Bei der fachlichen Beurteilung durch viele interessierte Kreise ist – wie auch bei einer Auswertung im Ministerium – deutlich auf die fehlende Vernetzung der Ergebnisse hingewiesen und nochmals klar gemacht worden, daß aus BMFT-Sicht der Kurzführer des Koordinationsteams, der unter den spezifischen Gesichtspunkten einer ersten und zeitnahen Zusammenfassung für die interessierte Öffentlichkeit formuliert worden war, nicht die einzige Synthese der Meta-Einzelstudien bleiben würde. Insbesondere hatte sich auch der Beirat der Meta-Studie für eine bewertende Stellungnahme aus seiner projektbegleitenden Sicht ausgesprochen. Das BMFT hat sich deshalb dem Wunsch der Beiratsmitglieder nicht verschlossen, sich zu dieser dreitägigen Klausursitzung zusammenzufinden mit dem Ziel, eine „Gesamtschau" der vorliegenden Ergebnisse, auch im Sinne einer Quervernetzung der einzelnen Ergebnisse vorzunehmen und dabei aus der Sicht der Wissenschaft die Frage zu beantworten, welche inhaltlichen und methodischen *Fortschritte* in der Behandlung des Themas „Arbeitsmarktwirkungen moderner Technologien" erzielt wurden.

Ich möchte besonders Herrn Prof. Oppenländer, Herrn Prof. Baethge und Herrn Dr. Dostal danken, die die inhaltliche Vorbereitung der Sitzung übernommen haben und Herrn Prof. Blattner, der die organisatorische Vorbereitung und Abwicklung gewährleistet hat. Im Namen des BMFT darf ich auch Herrn Prof. Kalmbach und Herrn Gerstenberger begrüßen und Ihnen für ihre Bereitschaft danken, an dieser Tagung teilzunehmen und damit als gewissermaßen Externe den Kreis des wissenschaftlichen Beirates zu erweitern.

2. Planung und Durchführung aus der Sicht des BMFT

Die Meta-Studie, Phase I und II, wurde vom BMFT konzipiert als eine Studie zur Technikfolgenabschätzung. Die Ausgangslage zu Beginn der 80er Jahre ließ einen dringenden Bedarf für eine solche Studie erkennen:

- Die Auswirkungen moderner Technik, speziell der Mikroelektronik auf die Quantität und die Qualität der Arbeitsplätze waren ein beherrschendes Thema der Diskussion über Arbeitsmarktfragen,
- der öffentliche Meinungsstreit über dieses Thema wurde sehr kontrovers mit einander diametral entgegengesetzten Aussagen geführt, z. B. Technik als Job-Killer versus Technik als Job-Knüller,
- vor dem Hintergrund anhaltend hoher Arbeitslosenzahlen führte dies zu einer teilweise emotional bestimmten und polarisierten Debatte.

Ein wichtiges Ziel des BMFT war demgemäß auch die Versachlichung der Diskussion; zu diesem Zweck sollte die Meta-Studie Orientierungswissen zum Zusammenhang von Innovation und Arbeitsplätzen bereitstellen und die öffentliche Diskussion auf eine fundiertere wissenschaftliche Basis stellen.

In der ersten Phase der Meta-Studie erfolgte eine Bestandsaufnahme und Aufarbeitung der vorliegenden wissenschaftlichen Studien zu den Arbeitsmarktwirkungen moderner Technologien; darauf aufbauend wurden dann weiterführende Forschungsfragen formuliert. Ein wesentliches Ergebnis der Meta-Studie, Phase I war dabei die Idee, mit der konsequenten Anwendung des *„bottom-up-Ansatzes“* eine Methode zu entwickeln, um die Wirkungen des Einsatzes neuer Technologien von der Mikroebene der einzelnen Betriebe über die Mesoebene der Branchen bis zur Makroebene gesamtwirtschaftlicher Modelle nachvollziehen und abbilden zu können. Dieses ambitionierte Vorhaben, im Sprachgebrauch der Meta-Studie als Mikro-Makro-Brückenschlag bezeichnet, sollte mit Hilfe eines modularen Forschungsdesigns bewältigt werden.

Der BMFT als Auftraggeber verknüpfte mit diesem Forschungsdesign die Erwartung, daß

- eine explizite Berücksichtigung unterschiedlicher Aggregationsebenen mit einer Präferenz für die bottom-up-Methode erfolgen werde,
- methodische Innovationen bei der Erforschung des Problemkreises Technik und Arbeitsmarkt erreicht werden,
- durch den Einsatz eines pluralistischen Spektrums von Methoden besonders robuste und belastbare empirische Resultate erzielt werden.

Von BMFT und wissenschaftlichem Beirat gemeinsam wurden vier Forschungsmodule als abgrenzbare, in sich geschlossene Themenstellungen formuliert. Der Inhalt der Module wurde im Ausschreibungstext wie folgt definiert:

„Modul 1:

Analyse der Diffusionsbreite und -geschwindigkeit von Prozeß- und Produktinnovationen sowie ihrer Bedingungen und Auswirkungen in den Unternehmen. Zu untersuchen sind der Stand und zeitliche Verlauf der Verbreitung ausgewählter neuer Techniken, die hemmenden und fördernden Faktoren ihres betrieblichen Einsatzes sowie quantitative und qualitative Auswirkungen auf die Beschäftigten. (Auswahlkriterien für die auf der Mikroebene zu untersuchenden modernen Technologien werden nicht explizit genannt).

Modul 2:

Analyse der Determinanten und des Umfangs der betrieblichen Faktorsubstitution.

Es sind Untersuchungen durchzuführen über die Veränderungen des betrieblichen Faktoreinsatzes sowie der wirtschaftlichen und unternehmerischen Einflußgrößen, die diese Veränderungen bestimmen. Die betrieblichen Untersuchungen sind zu ergänzen durch Untersuchungen auf der Grundlage aggregierter Daten zur Überprüfung der Determinanten der Nachfrage nach Arbeitskräften, bezogen auf Branchen, Qualifikationen usw. Hierbei ist besonders die ökonometrische Bestimmung der Substitutionselastizitäten von Bedeutung. Diese Untersuchungen dienen auch als Plausibilitätsprüfungen der Ergebnisse aus Modul 1 und 4.

Modul 3:

Statistische Auswertungen.

Das amtlichen Statistiken zugrundeliegende Datenmaterial enthält Informationen, die wichtige Aufschlüsse über die Arbeitsmarkt- und Beschäftigungswirkungen moderner Technologien ermöglichen, zum Teil jedoch nicht entsprechend ausgewertet werden. Es sind Konzepte zu entwickeln und Arbeitsschritte einzuleiten, um diese Quellen für disaggregierte Analysen der Beschäftigtenstruktur und -entwicklung nutzbar zu machen.

Modul 4:

Verknüpfung der Technologiefolgenabschätzung mit der gesamtwirtschaftlichen und der Entwicklung in den Wirtschaftsbereichen.

Die Aussagefähigkeit der Technologiefolgenabschätzung hängt entscheidend von der Berücksichtigung der gesamtwirtschaftlichen und strukturellen Rahmenbedingungen sowie den Wechselbeziehungen zwischen Wirtschafts- und Technologieentwicklung ab. Die hierfür erforderlichen Instrumente sind zu überprüfen, auszuwählen und auszubauen mit dem Ziel, Stellung und Einfluß des Einsatzes neuer Techniken besser zu erfassen und darstellen zu können."

Für die Bearbeitung der einzelnen Module wurden zunächst die folgenden Institute ausgewählt:

Modul 1: Deutsches Institut für Wirtschaftsforschung (DIW), Infratest Sozialforschung, Institut für Stadtforschung und Strukturpolitik (IfS)

Modul 2: Ifo-Institut für Wirtschaftsforschung, Institut für Sozialforschung und Gesellschaftspolitik (ISG), Basler Arbeitsgruppe für Konjunkturforschung/Forschungsstelle für Arbeitsmarkt- und Industrieökonomik (BAK/FAI) der Universität Basel

Modul 3: Ifo-Institut für Wirtschaftsforschung, Heinrich-Hertz-Institut (HHI)-TU Berlin, Prof. Weißhuhn

Modul 4: Deutsches Institut für Wirtschaftsforschung (DIW)

Mit der Projektkoordination wurde das Wissenschaftszentrum Berlin (WZB) beauftragt; Herr Prof. Matzner und Mitarbeiter haben für das WZB als Koordinationsteam diese Aufgabe wahrgenommen. In Abstimmung mit dem

BMFT sollte das Koordinationsteam für die inhaltliche, organisatorische und zeitliche Abstimmung der Einzelprojekte sorgen und dabei gemäß Ausschreibung dafür Sorge tragen, „daß sich die Ergebnisse aus den einzelnen Untersuchungsbereichen zu einer Gesamtbeurteilung ergänzen lassen".

Parallel zu seiner Koordinationstätigkeit wurden Prof. Matzner und Mitarbeiter auch mit einem eigenständigen Forschungsbeitrag im Rahmen der Meta-Studie betraut. Die Lösung, ein wissenschaftliches Team mit der Doppelfunktion der Koordinationstätigkeit und einem eigenen Forschungsauftrag zu belasten, hat sich als zumindest problematisch erwiesen. Defizite bezüglich der Koordination werden aus Sicht des BMFT primär dort deutlich, wo es um die Vernetzung der vorliegenden Einzelergebnisberichte und die Synthetisierung der Einzelbefunde zu einem Gesamtergebnis geht.

Zur Durchführung der Forschungsarbeiten ist festzustellen, daß sich die einzelnen Module im Projektverlauf relativ stark verselbständigt haben. Die Angebotsseite des Arbeitsmarktes wurde nach unserer Ansicht weitgehend vernachlässigt (Angebots-Bias), die an der Meta-Studie beteiligten Forschungsteams haben überwiegend die reinen Beschäftigungswirkungen analysiert.

Diese Klausurtagung gibt Auftraggeber, Beirat und Koordinationsteam die Gelegenheit, eingehend darüber zu diskutieren, ob die offenkundig gewordenen Defizite im nachhinein noch aufzuarbeiten sind, und wie die in der Meta-Studie gemachten Erfahrungen für das Management künftiger Projekte der Verbundforschung in der Technikfolgenabschätzung nutzbar gemacht werden können.

Trotz dieser und anderer Erschwernisse, die etwa auch bei der Beurteilung des Kurzführers auftauchten, aber nach sehr konstruktiven Diskussionen auf der wissenschaftlichen Ebene konsensual ausgeräumt werden konnten, haben die Meta-Forschungsarbeiten die Erwartungen des Auftraggebers hinsichtlich methodischer, datenmäßiger und forschungspraktischer Fortschritte weitgehend erfüllt. Der BMFT ist zuversichtlich, daß die Klausurtagung zu der noch ausstehenden „Gesamtschau" der Ergebnisse einen wesentlichen Beitrag leisten kann, und auch in Bezug auf die Möglichkeiten, einen Mikro-Makro-Brückenschlag zu erreichen, neue Impulse geben wird.

Mit der Planung der Meta-Studie Phase II als interdisziplinärer Verbundstudie hat der BMFT beispielhaft erproben können, wie Untersuchungen zur Abschätzung von Technikfolgen methodisch anzulegen sind. In bezug auf künftige TA-Arbeiten sind daher für den BMFT nicht allein die fachlichen Ergebnisse relevant, sondern es wurden wichtige Erfahrungen gemacht, wie die Arbeit in einem solchen Verbund organisiert werden kann. Es ist daher äußerst wichtig, erfolgreiche Strategien der Arbeitsteilung im Hinblick auf ihre Verallgemeinerungsfähigkeit zu überprüfen und die Ursachen für Negativaspekte im Projektablauf deutlich zu machen. Der Forschungsverbund Meta-Studie war insofern vorbildlich für andere Studien, als die beteiligten Institute sich von Anbeginn an aufeinander abgestimmt haben, Daten austauschten, Begriffe gemeinsam zu definieren versuchten. Dies ist ja – folgt man wissenschaftlichen Urteilen über Defizite in der Technikfolgenforschung und ihrer Organisation (vgl. dazu: Memorandum zur Technikfolgenabschätzung, Hrsg. BMFT 1989) – durchaus nicht üblich unter Forschern und Instituten, die auch in Konkurrenz zueinander stehen und unterschiedlichen Fachdisziplinen angehören. Ungewöhnlich war auch, daß die Forscher z. T. arbeitsteilig, z. T. aber auch bewußt mit parallelen Forschungsarbeiten zum Verbund beigetragen haben (z. B. zur Verbreitung computergestützter Technik in der Industrie: Analysen bei Ifo, DIW, IfS). Diese insgesamt gelungene Zusammenarbeit ist sicherlich nicht zuletzt durch die fortwährenden Bemühungen des Koordinationsteams ermöglicht worden.

Inhaltlich relevant für Studien zur Technikfolgenabschätzung allgemein ist die allen Meta-Schlußberichten gemeinsame Warnung, die „Technik" nicht als monokausalen Faktor und alleinige Quelle für die vielfältigen Veränderungen und Wechselwirkungen im Gefolge des Technikeinsatzes verantwortlich zu machen. Je genauer und differenzierter man sich durch gelungene Technikfolgen-Untersuchungen ein Bild von den Auswirkungen einer Technologie machen kann, um so deutlicher wird die Komplexität und Vielschichtigkeit der Implikationen, aber auch die Bedeutung der gegebenen Randbedingungen. Dies stellt diejenigen vor Probleme, die Forschungsergebnisse in politisches Handeln umsetzen müssen und deshalb vielleicht eine Vorliebe für präzise und eindeutige Empfehlungen entwickelt haben. Stehen aber am Ende eines Prozesses zur Technikfolgenabschätzung nicht nur neue Erkenntnisse, sondern auch neue Fragen, so werden politische Entscheidungen dadurch nicht unbedingt leichter, vielleicht aber transparenter in Bezug auf ihre Grundlagen und deutlicher in Bezug auf ihre Ziele.

II. Planung und Durchführung der Meta-II-Studie aus der Sicht des wissenschaftlichen Begleitausschusses

K. H. Oppenländer

1. Vorgeschichte

Die Diskussion um „Arbeitsmarktwirkungen moderner Technologien" ist seit Jahrzehnten in der Literatur ausgewiesen. Sie erlangt von Zeit zu Zeit, insbesondere in Phasen hartnäckig hoher Arbeitslosigkeit, aktuelle Bedeutung. Die Fakten liegen dabei auf dem Tisch. Strittig war aber immer, welche Methoden zur Analyse und Interpretation der Fakten jeweils Anwendung finden sollten. Zuweilen wurden die vorhandenen Methoden als „nicht" oder „nur bedingt" geeignet angesehen. Das Unbehagen über die Tatsachen wurde also begleitet vom Unbehagen über die zur Anwendung gelangten Methoden für die Analyse.

Der Bundesminister für Forschung und Technologie griff diese Problematik 1984 auf und forderte zur Angebotsabgabe für ein Forschungsprojekt auf. Als Ziel wurde genannt: „Verbesserung des methodischen und datenmäßigen Instrumentariums zur Untersuchung der Auswirkungen des Einsatzes neuer Techniken auf Arbeitsmarkt und Arbeitsplatz, um die Belastbarkeit der Ergebnisse und die Zuverlässigkeit prospektiver Abschätzungen zu erhöhen" (Beschreibung des Projekts „Arbeitsmarktwirkungen moderner Technologien", BMFT 1984). Das Projekt war „zweiphasig" geplant. In der ersten Phase sollten vorliegende Studien ausgewertet werden, in der zweiten Phase neue Methoden und Untersuchungsmodelle erarbeitet werden. Ein Fachgespräch zwischen Vertretern von 19 wissenschaftlichen Instituten einerseits und Regierungsvertretern (beteiligt waren auch BMA und BMWi) andererseits, das am 6. 6. 1984 stattfand, schuf die Grundlagen für die Ausschreibung. Das Kölner Institut für Sozialforschung und Gesellschaftspolitik (ISG) erstellte die „Meta-I-Studie", die am 7. 5. 1985 versandt wurde und die Grundlage für ein zweites Fachgespräch am 30. 5. 1985 bildete. Hier war die Aufgabe gestellt, die „zweite Phase des Projekts konkret zu definieren" (Ergebnisprotokoll der Sitzung). Das ISG war auch aufgefordert, weiterführende Vorschläge für die zweite Phase zu präsentieren. Fünf Aufgabenschwerpunkte wurden skizziert:

- Weiterentwicklung von Input/Output-Modellen,
- Entwicklung ökonometrischer Nachfragemodelle,
- Analyse der Diffusionsbreite und -geschwindigkeit des betrieblichen Technikeinsatzes, Analyse der Determinanten,

- Analyse der Einflußgrößen und des Umfangs der betrieblichen Faktorsubstitution,
- Analyse der Beschäftigtenstatistik in disaggregierter Form, im Hinblick auf Beschäftigtenwirkungen des Technikeinsatzes.

Außerdem war in der Diskussion, die Arbeiten an Meta II arbeitsteilig in eigenständigen Modulen durchzuführen, wobei Vergleichbarkeit und gegenseitige Ergänzung gewahrt sein sollten. Die Arbeitsteiligkeit erfordere eine inhaltliche, organisatorische und zeitliche Abstimmung, die von einer „zentralen Koordination" vorzunehmen sei. „Dabei sei es wichtig sicherzustellen, daß die Projektteilnehmer an die Koordination verpflichtend gebunden sind" (Ergebnisprotokoll der Sitzung vom 30. 5. 1985).

Auch war darauf hingewiesen worden, daß nach Ergebnissen der Meta-I-Studie die Projektarbeiten nach dem bottom-up-Verfahren anzulegen seien. „Fallstudien (seien) im Rahmen eines Konzeptes durchzuführen, das Repräsentativitätskriterien genüge, um Hochschätzungen der Ergebnisse auf größere Einheiten absichern zu können" (Ergebnisprotokoll der Sitzung vom 30. 5. 1985).

Die Sitzung am 30. 5. 1985 war vorbereitet worden durch eine Zusammenkunft am 29. 5. 1985, die auf Einladung des Ministers zustandekam, bei der sich der „Wissenschaftliche Begleitausschuß" zum ersten Mal traf. Aufgabe dieses Ausschusses war es, „den BMFT bei der Konzeption und Durchführung des Projekts sowie der Beurteilung der Arbeitsfortschritte und Ergebnisse" zu beraten (Ausschreibung der zweiten Phase des Projekts, Punkt 6).

Festzuhalten ist, daß die Meta-II-Studie somit sorgfältig vorbereitet war: Grundlage bildete die Meta-I-Studie sowie die Ergebnisdiskussion dieser Studie in einem größeren Rahmen. Ein wissenschaftlicher Begleitausschuß war aufgefordert, an der Vorbereitung dieser Diskussion mitzuwirken und dann die Ausschreibung mit vorzubereiten.

2. Ausschreibung

Im Mittelpunkt der Ausschreibung des Projekts Meta II, die am 30. 7. 1985 als Vorschlag an die Mitglieder des Wissenschaftlichen Begleitausschusses versandt wurde, stand die Anforderung, die Arbeiten in Modulen zu organisieren: „Mit der Aufteilung in Module wird aus forschungs- und förderpraktischen Gesichtspunkten den unterschiedlichen Anforderungen und Aufwendungen Rechnung getragen, die zur Bearbeitung der einzelnen Aufgaben erforderlich sind. Damit sollen sowohl ein Höchstmaß an methodischen und empirischen Fortschritten erzielt als auch eine frühestmögliche Vorlage von Einzelergebnissen ermöglicht werden" (Ausschreibung der zweiten Phase des Projekts, Punkt 4). In den vier vorgeschlagenen Modulen wurde nach sachlichen Gesichtspunkten im wesentlichen der Vorschlag aus Meta I wieder aufgenommen.

Modul 1: Analyse der Diffusionsbreite und -geschwindigkeit neuer Techniken sowie der Bedingungen und Auswirkungen ihres betrieblichen Einsatzes.

Modul 2: Analyse der Determinanten und des Umfangs der betrieblichen Faktorsubstitution.

Modul 3: Statistische Auswertungen, Erschließung neuer Quellen für disaggregierte Analysen der Beschäftigtenstruktur und -entwicklung.

Modul 4: Input/Output-Modell, ökonometrische Nachfrageschätzungen.

Die Konzentration in vier Modulen brachte unter sachlichen Gesichtspunkten somit folgende Konzeption zum Ausdruck. Es sollte sichergestellt sein, daß von vornherein der bottom-up-Methode der Vorzug gegeben wird. Damit war der mikroökonomische approach angesprochen, was bedeutet, daß eine möglichst breite Informationsbasis für die Analyse vorbereitet war. Diese Basis war anzureichern durch bisher nicht verfügbare oder nicht aufbereitete Datenmaterialien. Schließlich sollte die Brücke von der Mikro- zur Makrobetrachtung dadurch gebaut werden, daß über Input/Output-Modelle auch eine Gesamtaussage (makroökonomisch) ermöglicht werden könnte.

Die Notwendigkeit einer Koordination der Arbeiten wird wieder aufgegriffen, geleitet von der Sorge nach der „größtmöglichen Kompatibilität der Ergebnisse". Was darunter zu verstehen ist: Einmal wird die Abstimmung betont („die konkreten Forschungsaufgaben, Methoden, Untersuchungsbereiche, Strukturierungsmerkmale – Branchen, Technologien, Berufe, Fähigkeiten, spezifische Arbeitnehmergruppen u. ä. – sind aufeinander abzustimmen"). Zum anderen geht es um die Vereinheitlichung von „Annahmen über wichtige volkswirtschaftliche Rahmenbedingungen und Entwicklungen (z. B. Wachstum, Produktivität, Außenhandel usw.)". (Zitate nach der Ausschreibung, Punkt 5).

Die eigentliche Ausschreibung erfolgte am 20. 12. 1985. Die Beschreibung des Moduls 4 hatte sich geändert. Nunmehr wurde verlangt „Verknüpfung der Technologiefolgenabschätzung mit der gesamtwirtschaftlichen und der Entwicklung in den Wirtschaftsbereichen". Hier war also eine Änderung von der Beschreibung des rein methodischen Vorgehens zur Beschreibung der politischen Zielsetzung erfolgt. Auch die Koordinationsaufgabe wurde nunmehr so beschrieben, daß die jeweiligen Forschungsaufgaben, Methoden, Untersuchungsbereiche, Strukturierungsmerkmale so zu wählen seien, „daß sich die Ergebnisse aus den einzelnen Untersuchungsbereichen zu einer Gesamtbeurteilung ergänzen lassen" (Ausschreibung der zweiten Phase des Projekts, 20. 12. 1985, Punkt 5). Genannt wurde auch der Koordinator: das Internationale Institut für Management und Verwaltung/Arbeitsmarktpolitik des Wissenschaftszentrums Berlin unter Leitung von Prof. Dr. E. Matzner.

Der Konfliktstoff war damit angelegt. Aus dem Vergleich der ursprünglichen Konzeption der Ausschreibung mit der endgültig erfolgten war hervorgegangen, daß Modul 4 offenbar unklar war: Lag nunmehr die Betonung mehr auf der politischen Zielsetzung? Auch die Aufgabe des Koordinators war unbestimmt:

Hatte er Einfluß auf die wissenschaftliche Konzeption der einzelnen Studien oder oblag ihm mehr eine organisatorische und ergebnisorientierte Zusammenfassung der Meta-II-Studie? Schließlich war nach der Verzögerung der Ausschreibung (ein halbes Jahr) zu fragen. Diese lag nicht etwa an einer denkbaren verzögerten Stellungnahme des Begleitausschusses, sondern vielmehr an Abstimmungsschwierigkeiten zwischen BMFT und anderen Bundesressorts, namentlich dem BMWi. Letzteres hat die politische Kompetenz für die Strukturberichterstattung.

3. Auswahl der Anträge

Der Wissenschaftliche Begleitausschuß tagte im Jahre 1986 zweimal: am 18. 2. und am 20. 3. Vorgesehen war insbesondere, dem BMFT Hilfestellung zu geben bei der Auswahl der eingegangenen Anträge zur Teilnahme an Meta II. Dazu mußten wissenschaftlich relevante Kriterien erarbeitet werden. Anträge, die formale Mängel, inhaltlich zu begrenzte Themenstellungen, zu große Überschneidungen mit laufenden Forschungsprojekten, begrenzte oder ungesicherte Datenbasis, methodische Unbestimmtheiten oder mangelnde wissenschaftliche Innovation aufwiesen, wurden ausgesondert. Als Auswahlorientierung wurde auch akzeptiert, daß „zur Sicherstellung einer termingerechten Projektdurchführung und Erbringung profunder Ergebnisse im Zeitraum der Arbeiten" (Protokoll der 2. Sitzung des Wissenschaftlichen Begleitausschusses am 18. 2. 1986) zwei größere Institute in den Mittelpunkt der Projektarbeiten zu stellen sind. Ihre Projekte sollten durch „sinnvolle und innovative Arbeiten anderer Einrichtungen" ergänzt werden.

Die Arbeit des Wissenschaftlichen Ausschusses war dadurch erleichtert worden, daß ein zusammenfassender Begleitbogen des BMFT jedem Angebot beigefügt war. Die Auswahl erfolgte in lebhafter wissenschaftlicher Diskussion.

4. Koordination

Als nachteilig stellte es sich insbesondere heraus, daß zu diesem Zeitpunkt die Vereinbarung zwischen dem Auftraggeber und dem Koordinator immer noch nicht zustandegekommen war. Der Koordinator konnte daher an der Auswahl der Projektanträge nicht teilnehmen. Stattdessen war ein erheblicher Teil der Sitzungszeit darauf zu verwenden, die Stellung des Koordinators noch einmal, vom Blickpunkt des Auftraggebers wie vom Blickpunkt des Wissenschaftlichen Begleitausschusses deutlich zu machen.

Im wesentlichen ergaben sich drei Probleme:

(1) Der Koordinator war nicht bereit, „lediglich" eine Koordinierungsaufgabe zu übernehmen. Vielmehr müsse seine Tätigkeit auch darin bestehen, einen „eigenständigen" Forschungsauftrag zu erfüllen.
(2) Die eigentliche Koordinierungsaufgabe war nicht klar umrissen. Waren beispielsweise „Sanktionsmöglichkeiten" gegenüber den teilnehmenden Forschungsinstituten im Rahmen der Koordinierungsaufgabe gegeben?
(3) Welche Abgrenzung ist zwischen dem Koordinator und dem Wissenschaftlichen Begleitausschuß gegeben? Ist die Zusammenarbeit rein wissenschaftlich zu sehen oder sind auch hierarchische Verhältnisse zu vermuten?

Zu (1):
Der Koordinator brachte zum Ausdruck, daß es „ihm aufgrund des wissenschaftlichen Auftrages des WZB ... nicht möglich sei, eine reine Forschungs-Management-Aufgabe zu übernehmen. Dies sei nur realisierbar im Zusammenhang mit einem eigenständigen, vom Ergebnis her personell zurechenbaren Forschungsauftrag" (Protokoll der 3. Sitzung des Wissenschaftlichen Begleitausschusses am 20. 3. 1986). Vorgeschlagen wurde in diesem Zusammenhang eine projektbegleitende Studie über die „Möglichkeiten einer zukünftigen kontinuierlichen Berichterstattung über Technikeinsatz und Beschäftigung".

Ein untrennbarer Zusammenhang wurde hier weder vom Auftraggeber noch vom Begleitausschuß gesehen. Die Koordinationsaufgabe sei durchaus eigenständig zu sehen. Eine darüber hinausgehende wissenschaftliche Tätigkeit des Koordinators sei wie ein Antrag für ein Forschungsprojekt im Rahmen der Ausschreibung zu behandeln. Daß das Thema interessant sei, wurde von keinem verneint. Die Beteiligten einigten sich schließlich auf die Differenzierung zwischen Koordinationsfunktion einerseits und Forschungsprojekt andererseits.

Zu (2):
Der Koordinator bekräftigt seine Aufgabe, die Abstimmung der Projekte organisatorisch vorzubereiten, zu begleiten und zu dokumentieren. Sanktionsmittel seien nicht gegeben, auch gar nicht angestrebt. Daß eine solche Aufgabe dennoch schwierig sei, war nicht zu übersehen. Wichtig bleibt aber festzuhalten, daß bei aller Koordinierungsaufgabenarbeit die wissenschaftliche Autonomie und Verantwortung beim einzelnen Projektnehmer liege. Das wurde vom Koordinator ausdrücklich betont.

Zu (3):
Vom Auftraggeber wurde die Linie zwischen Koordination und Wissenschaftlichem Begleitausschuß deutlich gezogen: „Aufgabe und Zuständigkeit des Begleitausschusses sei (es), die inhaltlichen und organisatorischen Rahmenbedingungen für die Durchführung der Meta-Studie festzulegen. Die Arbeiten des Koordinators seien innerhalb dieses Rahmens von diesem frei gestaltbar" (Protokoll der 2. Sitzung des Wissenschaftlichen Begleitausschusses am 18. 2. 1986). Der Ausschuß verstand sich immer als Berater des Auftraggebers, insbe-

sondere in der Anfangs- und Endphase des Projekts, während der Koordinator die möglichst enge Begleitung während der Dauer des Projekts wahrzunehmen hatte.

5. Diskussion erster Ergebnisse

Am 13./14. 5. 1987 sowie am 3. 12. 1987 wurden erste Ergebnisse des Projekts durch die einzelnen Projektträger und den Koordinator präsentiert. Das geschah teilweise in gemeinsamen Sitzungen mit dem Wissenschaftlichen Begleitausschuß, wobei als Grundlage die vorgelegten Zwischenberichte dienten. Die Beurteilung durch den Ausschuß waren in der Regel vorsichtig, „vorläufig".

Hinterfragt wurde in erster Linie der Einsatz von Methoden. Der Methodenpluralismus wurde von Anfang an in Kauf genommen. Übereinstimmend wurde gefordert, die Methodenaspekte stärker herauszuarbeiten. Die Aufgabe von Meta II hätte auch darin gelegen, die Methodenvielfalt einerseits, die Methodenprobleme andererseits offen zu legen. Bei aller Vielfalt müsse so etwas wie ein „roter Faden" erkennbar sein („wie greifen die Methoden ineinander"). Erste Zweifel werden laut, daß im Rahmen von Meta II keine neue Mikro-Fundierung der Makrotheorie geleistet werden konnte, daß also das Aufzeigen der Mikro-Makro-Brücke (Realisierung der bottom-up-Methode) wohl nicht gelungen sei. Vorgeschlagen wird, in jedem Fall im Endbericht den Methodenteil „stark zu gewichten". Auch sollten die aus ungelösten Methodenproblemen hervorgehenden Beschränkungen in der Aussage verdeutlicht werden: Wo liegt die Innovation in methodischer Hinsicht, und: Wo sind die Methoden gesichert, wo sind sie in einem Bereich angesiedelt, der als experimentell zu bezeichnen ist.

Ein weiterer Problemkomplex wird in der Umsetzung der Ergebnisse in die Politikberatung gesehen. Insgesamt gesehen ist die „Stimmung" im Ausschuß kritisch positiv. Man zeigt sich teilweise überrascht, daß offenbar doch „mehr herausgekommen ist, als erwartet wurde". Vorsichtig wird aber immer wieder geäußert, daß eine endgültige Beurteilung aufgrund der Zwischenberichte nicht möglich sei.

Die gemeinsame Sitzung des Wissenschaftlichen Begleitausschusses und der Forschungsteams am 11. 5. 1988 bringt kaum Fortschritte in der Bewertung, da zu diesem Zeitpunkt nur zwei der insgesamt acht Schlußberichte vorliegen.

6. Beurteilung

Die Beurteilung der schließlich vorliegenden Ergebnisse durch die Mitglieder des Begleitausschusses und den Auftraggeber ist nicht einheitlich. Einig ist man sich darüber, daß Fortschritte erzielt wurden, in analytischer und methodischer

Hinsicht, zweifellos aber kein Durchbruch stattgefunden hat. Der Auftraggeber beauftragt die Mitglieder des Begleitausschusses in der Sitzung am 8. 9. 1988, die Studien zu evaluieren und diese Begutachtung dem BMFT schriftlich zur Verfügung zu stellen.

Die letzte (und achte) Sitzung des Ausschusses am 25. 11. 1988 befaßte sich zunächst mit den Stellungnahmen der Mitglieder zu den Forschungsergebnissen der einzelnen Projektteams, wobei ein übergreifendes Resumee gezogen wurde.

- Deutlich geworden sei, daß eigentlich nicht Arbeitsmarktwirkungen, sondern Beschäftigungswirkungen neuer Technologien untersucht worden seien, da die Angebotsseite des Arbeitsmarktes nie Gegenstand der Betrachtung gewesen sei.
- Hat sich der modulartige Aufbau in der Forschungspraxis bewährt? Integration und Koordinierung der Teilbereiche sind wohl nicht geglückt. Einzelne Bereiche haben sich in der Betrachtung des Themas doch stark verselbständigt. „Das Koordinierungsteam habe aufgrund seines wissenschaftlichen Eigeninteresses eine Durchsetzung des übergeordneten Themenbezugs nicht geleistet" (Protokoll zur abschließenden Sitzung des Wissenschaftlichen Begleitausschusses am 25. 11. 1988). Die zeitliche Parallelität aller Forschungsprojekte habe verhindert, daß ein lückenloses Ineinandergreifen möglich war: Die auf der Makroebene arbeitenden Teams sollten eigentlich auf Daten zurückgreifen, die die in der Mikroebene forschenden Teams erst sammeln und aufbereiten sollten.
- Die Ergebnisdarstellung neigt zur Überlänge und Redundanz. Einige Ergebnisse tragen wenig zur Beantwortung der Themenstellung bei. Es sind auch Forschungsergebnisse festzustellen, die den Anforderungen an die wissenschaftliche Qualität nicht entsprechen.
- Die erzielten methodischen Fortschritte sind als solche nicht genügend gekennzeichnet. Vor allem ist nicht dokumentiert, was als gesichert gelten kann und wo Neuland betreten wurde. Ähnliches ist bei der Präsentation der Daten festzustellen.
- Insgesamt gesehen sind die Ergebnisse interpretationsfähig, aber nicht so eindeutig, als daß sich daraus eine gesicherte Basis für die Politikberatung ergeben würde.
- Die vom Koordinationsteam gleichzeitig angestrebte, dann vorgelegte Studie über die Möglichkeiten einer zukünftigen regelmäßigen Berichterstattung (Tandem-Modell) wird dem gesetzten Anspruch nicht gerecht. Im einzelnen wird ausgeführt, daß der geschlossene Innovations-Investitions-Kreislauf und der Brückenschlag Mikro-Makro nicht erreicht worden sei. Wesentliche Variable, die relevant sind, konnten nicht berücksichtigt werden. „Beim Rückgriff auf retrospektive Daten errechnet das Modell erheblich von der realen Entwicklung abweichende Ergebnisse" (Protokoll der Sitzung am 25. 11. 1988).

7. Veröffentlichung

Da es sich um eine Studie handelt, der auch erheblicher wissenschaftlicher Wert beigemessen wird, war die Präsentation von besonderem Interesse. Vorgesehen und durchgeführt wurde eine wissenschaftliche Konferenz Anfang Dezember 1988, für die der Koordinator verantwortlich zeichnete. Leider waren Inhalt und Ablauf nicht mit dem Ausschuß abgestimmt worden. Trotz hoher Beteiligung und der Anwesenheit hervorragender ausländischer Wissenschaftler entstand der Eindruck, daß die Konferenz zu einer Gesamtbewertung von Meta II wenig beitragen könne, da im wesentlichen die Einzelprojekte dargestellt und diskutiert wurden.

Das Koordinationsteam hat in großer Eile eine Zusammenfassung der Ergebnisse zur Veröffentlichung vorbereitet. Der Ausschuß wurde von der Vorlage eines Manuskripts überrascht und davon, daß die Aufforderung lautete, binnen weniger Tage eine Stellungnahme herbeizuführen. Der Ausschuß hat, nach anfänglichem Zögern, versucht, Einfluß zu nehmen. Das geschah beispielsweise in der Diskussion des Titels, aber auch einzelner Teile. Einige Änderungen konnten noch erreicht werden. Der Ausschuß sah sich aber außerstande, einen eigenen Beitrag zu liefern. Der Ausschuß kam schließlich zu der Auffassung, daß ein so bedeutendes (und umfangreiches) Projekt auch in wissenschaftlicher Hinsicht entsprechend gewürdigt werden müsse. Mit Zustimmung des Auftraggebers waren die Mitglieder des Ausschusses einverstanden, eine Klausurtagung abzuhalten, mit dem Ziel, eine zusammenfassende Wertung der Meta-II-Studie aus wissenschaftlicher Sicht vorzulegen.

Dokumentation

BMFT, 1984: Beschreibung des Projekts „Arbeitsmarktwirkungen moderner Technologien“

BMFT, 1985: Ergebnisprotokoll des zweiten Fachgesprächs Meta-Studie am 30. 5. 1985

BMFT, 1985: Ausschreibung der zweiten Phase des Projekts (Meta II)

BMFT, 1986: Protokoll der 2. Sitzung des Wissenschaftlichen Begleitausschusses am 18. 2. 1986

BMFT, 1986: Protokoll der 3. Sitzung des Wissenschaftlichen Begleitausschusses am 20. 3. 1986

BMFT, 1988: Protokoll zur abschließenden Sitzung des Wissenschaftlichen Begleitausschusses am 25. 11. 1988

III. Forschungsplanung und Durchführung des Projekts: Zusammenfassung der Diskussion

G. Albrecht-Lohmar

In der Diskussion werden verschiedene Anmerkungen zum Forschungsmanagement der Meta-Studie gemacht; insbesondere wird die Frage erörtert, welche Aufgaben einem Koordinator bzw. einem Koordinationsteam im Rahmen eines derartigen Verbundprojektes zufallen. Es werden zwei idealtypische Konzepte für die Ausgestaltung einer solchen Koordinationsaufgabe diskutiert: Das Programmleiter-Konzept und das Moderator-Konzept.

In der Schweiz werden die nationalen Forschungsprogramme, die vom Finanzrahmen her ähnlich dimensioniert sind wie das Meta-II-Projekt, von einem sogenannten Programmleiter koordiniert. Der Programmleiter muß nicht nur dafür Sorge tragen, daß die einzelnen Forschungsarbeiten zeitgerecht und entsprechend den Projektofferten ausgeführt werden, sondern er hat am Ende des Projektes aus dem erarbeiteten Material einen Synthesebericht zu erstellen. Dies ist seine eigenständige wissenschaftliche Aufgabe, die auch Motivation gibt zur Erfüllung der administrativen Pflichten während der Projektlaufzeit. Die Implikation ist, daß die einzelnen Forschungsteams relativ selbständig arbeiten können und nicht vom Programmleiter permanent aufeinander abgestimmt werden müssen, denn es ist zu bedenken, daß Koordination wissenschaftlicher Forschung quasi natürliche Grenzen hat. Dennoch ist im Programmleiter-Konzept gewährleistet, daß schlußendlich eine echte Synthese der Ergebnisse vorgelegt wird.

Das Moderator-Konzept dagegen erfordert gewissermaßen eine permanente und institutionalisierte Diskussion zwischen den am Forschungsverbund beteiligten wissenschaftlichen Partnern; nur so kann eine Integration der verschiedenen Forschungsbeiträge bis hin zu einem gemeinsamen Endbericht erreicht werden. Aufgabe des Koordinierenden ist es dann nicht nur, Schnittstellen zwischen einzelnen Arbeitspaketen zu definieren und den Informationsfluß zu gewährleisten, sondern er hat dafür zu sorgen, daß ein intensiver, auch kontroverser Diskurs zwischen den beteiligten Wissenschaftlern in Gang gesetzt und gehalten wird. Ein Vorteil des Moderator-Konzeptes liegt darin, daß es den Wettbewerbsprozeß, der auch der Wissenschaft inhärent ist, nutzbar machen kann. Problematisch ist jedoch, daß der eigenständige wissenschaftliche

Beitrag des Koordinierenden nicht ausweisbar ist, der Koordinator betreibt Wissenschaftsmanagement; da dies in der Regel noch für weniger wertvoll gehalten wird als eigene wissenschaftliche Arbeit, ist es entsprechend schwierig, einen Wissenschaftler zur Übernahme einer solchen Koordinationsaufgabe zu motivieren.

Die Koordination der Meta-Studie orientierte sich am Moderator-Konzept, allerdings hatte das Koordinationsteam zugleich einen eigenen Forschungsbeitrag übernommen. Die Frage der Vereinbarkeit von Koordinationsaufgabe und eigenem wissenschaftlichem Forschungsauftrag wird in der Diskussion differenziert betrachtet. Wenn möglich sollten beide Rollen nicht vermischt werden, denn eine Koordinationsaufgabe ist natürlich leichter auszufüllen, wenn man nicht noch anderweitig in das Projekt eingebunden ist. Eine Restriktion liegt allerdings darin, daß es auch in der wissenschaftlichen Landschaft nur begrenztes know-how gibt, und die Zahl der für die Bearbeitung eines bestimmten Themas kompetenten Wissenschaftler nicht beliebig vermehrbar ist.

Als wesentliche Schwachstelle im Forschungsmanagement der Meta-Studie wird die späte Einsetzung eines Koordinationsteams ausgemacht; dies erfolgte erst nachdem die Ausschreibung und die Auswahl der beteiligten Institute in Abstimmung zwischen BMFT und wissenschaftlichem Beirat erfolgt war. Weiterhin ist die Aufgabenverteilung zwischen wissenschaftlichem Beirat und Koordinationsteam nicht eindeutig definiert gewesen, es gab Überlappungen in den Funktionen, die die Arbeit erschwert haben.

In der Diskussion wird betont, daß die Zielsetzungen der Meta-Studie außerordentlich anspruchsvoll waren. Der methodische Anspruch, eine Integration der Mikro-Makroebene, den sogenannten Mikro-Makro-Brückenschlag zu schaffen, muß im Nachhinein als zu ambitioniert beurteilt werden; es mag zwar eine theoretische, modellmäßige Lösung dafür in den Wirtschaftswissenschaften geben, aber empirisch auf dem Wege des in der Meta-Studie vorgegebenen bottom-up-Ansatzes ist dies wahrscheinlich nicht lösbar. Weiterhin ist auch die Absicht einer Integration soziologischer und ökonomischer Ansätze in der praktischen Forschungsarbeit nicht geglückt. Auch die im Hinblick auf die Interdisziplinarität geweckten Erwartungen haben sich als zu optimistisch herausgestellt.

Es wird in allen Stellungnahmen zu Defiziten des Forschungsmanagements und des Forschungsdesigns deutlich gemacht, daß die Hauptzielrichtung der Klausursitzung sein muß, zum einen aus den bei der Meta-Studie gemachten Fehlern für die Organisation künftiger Verbundprojekte allgemein zu lernen, besonders aber auch im Hinblick auf eine Weiterentwicklung und Verbesserung des methodischen Instrumentariums für künftige Studien zur Technikfolgenabschätzung Schlüsse zu ziehen. Zum anderen sollen der wissenschaftliche Ertrag der Meta-Studie, die methodischen und empirischen Fortschritte, die erreicht wurden, deutlicher herausgearbeitet werden. Dabei kann der zeitliche Abstand, mit dem hier die Ergebnisse diskutiert werden, den Blick durchaus schärfen.

Die Rolle und Erwartungen des Auftraggebers werden insofern reflektiert, als deutlich gemacht wird, daß das Forschungsministerium, wenn es ein solches Gutachten fördert, eine anwendungsorientierte wissenschaftliche Bearbeitung des Themas erwartet, bei der am Ende die Ergebnisse auch als politikrelevante Empfehlungen formuliert werden können. Die wissenschaftliche Politikberatung darf sich nicht in einem grundlagenorientierten Diskussionsprozeß verlieren, der die wesentlichen Restriktionen des Auftrages, nämlich Ergebnisorientierung und beschränkten Zeitvorrat, außer acht läßt.

Das Interesse des Auftraggebers an „gesicherten" wissenschaftlichen Aussagen zu den Arbeitsmarktwirkungen moderner Technologien steht jedoch in einem Spannungsverhältnis zum Erkenntnisanspruch in den Wirtschafts- und Sozialwissenschaften (Popper'sches Forschungsideal), wonach es keine „richtigen" Aussagen gibt, sondern nur Aussagen, die bislang nicht falsifiziert sind.

Weiterhin wird die Einordnung der Meta-Arbeiten bezüglich anderer Forschungsarbeiten zum Thema des strukturellen und technischen Wandels, insbesondere der Strukturberichterstattung, thematisiert. Zum einen wird darauf hingewiesen, daß für die Meta-Thematik relevante Ergebnisse aus den Schwerpunktuntersuchungen der Strukturberichterstattung in der Meta-I-Studie nicht berücksichtigt werden konnten, da sie erst Mitte 1987 vorlagen; zum anderen ging die spezifische Fragestellung der Meta-II-Studie aber weit über das hinaus, was Gegenstand der Strukturberichterstattung ist. Grundsätzlich legt die Strukturberichterstattung den Schwerpunkt auf makroökonomische Gesichtspunkte, während bei den Meta-Arbeiten ein erheblicher Teil auf mikroökonomische Analysen und Befragungen abzielt. Bedauerlich ist jedoch, daß kein Dialog zwischen den Forschungsteams der Meta-II-Studie und den Wissenschaftlern, die die Schwerpunktthemen der Strukturberichterstattung bearbeiteten, zustande gekommen ist, obwohl zwei Institute, das DIW und Ifo, an beiden Projekten mit allerdings organisatorisch getrennten Teams beteiligt waren.

IV. Forschungsplanung, Methoden und Ergebnisse der Meta-II-Studie aus der Sicht des Koordinators

E. Matzner

1. Hintergrund und Aufgabenstellung

Der Einfluß, den die Verbreitung neuer Technologien auf Beschäftigung und Arbeitslosigkeit in einer Marktwirtschaft ausübt, ist seit den Zeiten von Adam Smith, David Ricardo und Karl Marx ein vieldiskutiertes soziales und wissenschaftliches Thema. Die Antwort auf die Frage, ob es möglich ist, den arbeitsplatzeinsparenden Effekt technologischer und sozialer Innovation zu kompensieren, steht auch heute noch im Mittelpunkt wissenschaftlicher und politischer Kontroversen. Das gleichzeitige Auftreten stark innovativer Unternehmen und Wirtschaftszweige und einer hohen, andauernden Arbeitslosigkeit hat dieses Problem für die BRD zu einem wichtigen Thema gemacht.

Um den empirischen und theoretischen Wissensstand zu erweitern, der für die Einschätzung des Zusammenhanges von Beschäftigung und Technologie relevant ist, hat das Bundesministerium für Forschung und Technologie, assistiert vom Wissenschaftlichen Begleitausschuß, die Meta-Studie in Auftrag gegeben. Das Ziel dieses Forschungsprojektes war die Ermittlung des quantitativen und qualitativen Einflusses, den der Einsatz neuer Technologien auf Arbeitsmärkte und Beschäftigungsstruktur ausübt. In Phase 1 der Meta-Studie unterbreitete das Kölner Institut für Sozialforschung und Gesellschaftspolitik (ISG) dem Bundesministerium für Forschung und Technologie einen Bericht über den derzeitigen Erkenntnisstand (Friedrich und Ronning, 1985).

In der Phase 2 der Meta-Studie wurden zunächst vom Bundesministerium für Forschung und Technologie, unterstützt durch den Wissenschaftlichen Begleitausschuß, neun Forschungsinstitute aus einer Vielzahl von Forschungsteams ausgewählt:

Basler Arbeitsgruppe für Konjunkturforschung/Forschungsstelle für Arbeitsmarkt- und Industrieökonomik der Universität Basel (BAK/FAI);
Deutsches Institut für Wirtschaftsforschung (DIW), Berlin;
Heinrich-Hertz-Institut (HHI), Berlin;
Ifo-Institut für Wirtschaftsforschung (Ifo), München;
Infratest Sozialforschung, München;
Institut für Sozialforschung und Gesellschaftspolitik (ISG), Köln;
Institut für Stadtforschung und Strukturpolitik (IfS), Berlin;

Institut für Wirtschafts- und Sozialforschung (IWS), Wien;
Wissenschaftszentrum Berlin für Sozialforschung/Arbeitsmarkt und Beschäftigung (WZB/AMB).

Diese Institute wurden mit der Untersuchung folgender vier Aspekte der Effekte moderner Technologien auf den Arbeitsmarkt beauftragt:

1. Analyse des Ausmaßes und der Geschwindigkeit der Diffusion ausgewählter Typen von Produkt- und Prozeßinnovation, der Bedingungen, die dieses begünstigen/behindern sowie der Konsequenzen, die daraus folgen.
2. Analyse des Ausmaßes und der Determinanten der Faktorsubstitution als Folge neuer Technologien in kompetitiven Märkten.
3. Aufbereitung und Analyse bisher ungenützter amtlicher Statistiken (z. B. Statistiken der Sozialversicherung) für Zwecke der Messung der Effekte moderner Technologien auf Arbeitsmarkt und Beschäftigung.
4. Analyse der Möglichkeit der Verbindung der Resultate von Mikro-, Meso- und Makroforschung.

Die Aufgabe der Abstimmung der Forschungsaktivitäten der neun Teams wurde dem WZB/AMB (Matzner, Schettkat, Wagner 1988) übertragen. Zusätzlich zur Wahrnehmung der Koordinationsaufgabe wurde das WZB/AMB beauftragt, die Möglichkeit der Erstellung eines integrierten Berichterstattungssystems zu prüfen, in dem die fortlaufende Forschung über die Arbeitsmarkteffekte neuer Technologien inner- und außerhalb der Meta-Studie erfaßt werden sollten (Schettkat und Wagner, 1989).

Wie aus der Beschreibung der Aufgaben hervorgeht, erwartete sich der Auftraggeber von der Meta-Studie einen Fortschritt sowohl in substantieller als auch in methodischer Hinsicht. Dieser sollte außerdem durch die Verbesserung der Datenbasis verstärkt werden. In diesem Beitrag sollen die Forschungsergebnisse der Teams, die an der Meta-Studie mitgewirkt haben, in ihrer Verschränkung dargestellt werden. Die Bewertung der Resultate, zu denen die Meta-Studie geführt hat, kann nur durch die Wissenschaft selbst erfolgen. Einen ersten Test hat die Meta-Studie der internationalen Konferenz „New Technology: Its Impact on the Labour Markets and the Employment System", die in Berlin vom 5.–7. Dezember 1988 stattgefunden hat, bereits positiv bestanden (Matzner und Wagner 1990).

2. Zur Abstimmungstätigkeit

Bei der Erfüllung ihrer Aufgaben haben die einzelnen Forschungsteams die volle Verantwortung für die Ergebnisse ihrer Arbeit übernommen. Gleichzeitig mußten sich die beteiligten Institute verpflichten, mit ihren Resultaten zu einem umfassenden und abgestimmten Ergebnis der Meta-Studie beizutragen. Von

Anfang an war klar, daß ein abgestimmtes Ergebnis nicht allein durch eine exakte vertragliche Definition der Forschungsaufgaben oder durch bilaterale Kommunikation zwischen den Teams und dem Stab des Bundesministeriums und seines Wissenschaftlichen Begleitausschusses zu erwarten war. Deshalb wurde die Koordination von Beginn an als selbständige Aufgabe definiert, und zwar als eine, die sowohl die Arbeit der Experten im Bundesministerium als auch die der Forscher der Teams zu unterstützen hatte.

Ein wichtiger Teil der Abstimmungstätigkeit bestand in der Organisation halbjährlich stattfindender Workshops, ihrer sorgfältigen Vorbereitung wie der Festlegung von Arbeitsschritten und der Kontrolle deren Einhaltung. Auf der Tagesordnung der Workshops standen Entscheidungen über Konzepte und Terminologie, über Bezugsperioden, die Identifikation der Schnittstellen zwischen den verschiedenen Forschungsprojekten sowie die Festlegung des Austausches von Daten, die die Teams voneinander benötigten. Weiter mußte Übereinstimmung über ein analytisches Schema gefunden werden, welches die relevanten Daten der einzelnen Teams, die in der Meta-Studie benutzt oder in ihrem Rahmen produziert wurden, miteinander verbinden sollte (siehe Fig. 1). Dazu kamen die sorgfältige Dokumentation der multi- oder bilateral getroffenen Entscheidungen und die nachfolgende Benachrichtigung aller Teams sowie des Auftraggebers.

Das Abstimmungsteam bot auch seine Dienste an, um den Vollzug der auf den Workshops getroffenen Vereinbarungen zu unterstützen; schließlich hielt es die auf den bevorstehenden Workshops zu erörternden Probleme fest.

Die Abstimmungstätigkeit wurde streng von den Entscheidungen getrennt, die die Forschungsverträge und ihre Erfüllung betrafen. Das Abstimmungsteam verzichtete bewußt auf jegliche Sanktionsmöglichkeiten, um nicht das Vertrauen zu gefährden, das für eine erfolgreiche Koordination in hohem Maße notwendig ist.

Ein wichtiges Problem der Abstimmung lag in der Klärung terminologischer und konzeptueller Fragen. Terminologische Fragen wurden in der Meta-Studie sehr pragmatisch behandelt. So werden die Begriffe „neue Technologie" und „moderne Technologie" oder „Innovation" synonym verwendet. Definition und Messung von Innovation variieren von Kapitel zu Kapitel. Dasselbe gilt für Forschung und Entwicklung und für die Akkumulation und Abwertung von Know-how. Das Prinzip des in der Meta-Studie verwendeten Ansatzes lag in der Akzeptierung aller Bezeichnungen und Konzepte, die das Verständnis der in Frage gestellten Probleme zu verbessern halfen. Dabei mußte über Inhalt und Geltung der Begriffe und Konzepte sowie der darauf basierenden empirischen Informationen Klarheit herrschen. Nur dann kann der Output eines Teams von den anderen sinnvoll verwendet werden.

Zu dieser prognostischen Vorgehensweise gab es auch keine Alternative. Denn eine rigide Behandlung terminologischer Streitfragen oder ein Beharren auf vereinheitlicher Terminologie hätte eine Übereinstimmung zwischen den

Teams unmöglich gemacht. Dieser Aspekt ist die soziale Dimension des Problems. Wegen des Methodenpluralismus, zu dem sich die Teilnehmer an der Meta-Studie verpflichtet hatten, mußte jegliche Rigidität vermieden werden. Außerdem hätte terminologischer Puritanismus die „kaleidoskopische Natur", die auch den Zusammenhang von Technologie und Beschäftigung prägt, verwischt (Shackle 1972).

3. Zum Mikro-Makro Problem

Der Ansatz, der im Rahmen der Meta-Studie verfolgt wurde, kann anhand der Art und Weise, wie neue Technologien und die gesammelten Informationen auf Mikro-, Meso- und Makroebene behandelt wurden, demonstriert werden. Von den zwei Möglichkeiten, die für die Betrachtung neuer Technologien zur Verfügung stehen, nämlich die Beschreibung der Hardware und die Messung ihres Geldwertes, wurden beide benutzt. Auf Mikroebene wurden Daten über die Hardware der Informationstechnologien und die daraus entstehenden ökonomischen Veränderungen (einschließlich Beschäftigung, Beruf und Qualifikation) in den Güter produzierenden und Dienstleistungen erstellenden Sektoren auf Unternehmensebene erhoben. Der monetäre Ansatz fand Anwendung im Ifo-Innovationstest. In diesem wurden über Fragebögen Informationen über die Ausgaben für Produktinnovation (einschließlich Forschung, Entwicklung, Design, Patente und Lizenzen, Produktionsvorbereitung und Markteinführung) und für Rationalisierung (als Indikator für Prozeßinnovation) gesammelt.

Auf der Mesoebene wurde vom DIW eine Zeitreihe der akkumulierten Vermögenswerte im Bereich Forschung und Entwicklung erstellt. Eine zweite Zeitreihe wurde vom Ifo geschätzt; sie erfaßt die Bewertung des Bestandes an Know-how sowie die marginale „Innovation-Output Ratio". Die verschiedenen Maße für Innovation, ihrer Anwendungsintensität und Verbreitung wurden mit anderen relevanten ökonomischen und sozialen Indikatoren und mit Daten über Beschäftigung und Arbeitslosigkeit korreliert. Die erzielten Resultate weisen auf ein überraschend hohes Ausmaß an Konvergenz hin. Tatsächlich gab es trotz der konzeptmäßigen und methodologischen Unterschiede im Kern der Forschungsfrage keine wirklich gegenläufigen Schlußfolgerungen. Man könnte daraus schließen, daß sich gegenseitig bestätigende Resultate, die mithilfe unterschiedlicher Konzepte und Methoden erreicht wurden, höher einzuschätzen sind als ebensolche Resultate, die aufgrund vereinheitlichter Terminologie und Methodologie erzielt werden. (Trotzdem ist es eher unwahrscheinlich, daß ein vereinheitlichter Ansatz zu einem ähnlich breiten Feld an Ergebnissen geführt hätte).

Auf der Makroebene ist ein direkter Zugang durch Beobachtung weder eines spezifischen Phänomens (beispielsweise lassen sich neue Technologien nicht aggregieren) noch dessen monetärer Werte möglich. Eine Verallgemeinerung der mikroökonomischen Beobachtungen und der statistischen Messungen auf Mesoebene liefe auf den bekannten logischen Trugschluß („fallacy of composition") hinaus. Gäbe es zum Beispiel in 50 von 100 Fällen eine positive Kovarianz zwischen dem Einsatz neuer Technologien und dem Beschäftigungsniveau, während in den anderen 50 Fällen eine positive Kovarianz zwischen der Nichtnutzung neuer Technologie und Entlassungen festzustellen ist, dann könnte man daraus nicht ableiten, daß alle Firmen vom Einsatz neuer Technologie profitieren würden, und daß die Beschäftigungsentwicklung aller einen positiven Verlauf nehmen würde. Denn es ist sehr wahrscheinlich, daß der Erfolg, der für die Hälfte der beobachteten Firmen festgestellt wurde, vom Mißerfolg der restlichen Firmen der Stichprobe abhängig ist. Um solche Irrtümer zu vermeiden, wurden Simulationsmodelle konstruiert und für die Darstellung verschiedener Entwicklungsalternativen verwendet. Entsprechend der Aufgabenstellung wurden die Modelle mit den in der Meta-Studie erzielten mikro- und mesoökonomischen empirischen Ergebnissen gefüttert. Die Makro- und Mikrosimulationen wurden vom DIW, Ifo und vom IWS, die Mesosimulationen vom ISG und vom WZB/AMB durchgeführt.

4. Hauptresultate

Zu Beginn der Phase II der Meta-Studie wurde ein analytisches Schema entwickelt, das zehn Einflußbereiche miteinander verbindet, die für die Erforschung des Zusammenhanges von Beschäftigung und Arbeitslosigkeit infolge neuer Technologien als relevant angesehen wurden (siehe Fig. 1). Neun der zehn Bereiche wurden im Rahmen der Meta-Studie behandelt, wie aus der folgenden Liste ersichtlich ist (die Teams, die die einzelnen Themen behandelten, sind in Klammern angeführt).

Einflußbereiche

1. Gesamtwirtschaftliche und branchenspezifische Rahmenbedingungen (DIW, Ifo, ISG, IWS)
2. Motive und Determinanten der Einführung neuer Technologien (DIW, Ifo, IfS, Infratest, IWS)
3. Innovationsfluß durch interindustriellen Güteraustausch (DIW, Ifo, IfS, Infratest, IWS)
4. Innovationsdichte (DIW, Ifo, IfS, Infratest, IWS, ISG)
5. Veränderungen des Faktoreinsatzes (BAK/FAI, DIW, Ifo, IfS, Infratest, ISG)
6. Arbeitsangebot (WZB/AMB)
7. Arbeitsnachfrage (BAK/FAI, DIW, Ifo, IfS, Infratest, ISG, WZB/AMB)

8. Arbeitslosigkeit (DIW, ISG, IWS, WZB/AMB)
9. Qualifikationen und Tätigkeiten (BAK/FAI, DIW, IfS, Infratest, WZB/AMB)
10. Arbeitsbedingungen (in der Meta-Studie gemäß Auftrag nicht behandelt).

Funktionale Interdependenzen wurden in neun der zehn Bereiche einer Schätzung unterworfen. Insgesamt konnten acht kausale Zusammenhänge beschrieben werden (zumindest auf der Ebene von Fallstudien). Sie dienen als Bausteine für den Versuch, eine Mikro-Makrobrücke zu konstruieren.

Bereich 1: Gesamtwirtschaftliche und branchenspezifische Rahmenbedingungen

In einem beträchtlichen Ausmaß sind externe ökonomische Bedingungen für die Einführung neuer Technologien entscheidend. Das betrifft sowohl die „aktiven" Innovationsinitiativen als auch die „passive" Übernahme neuer Technologien durch interindustriellen Güteraustausch. Im allgemeinen gibt es einen positiven Zusammenhang zwischen jenen Faktoren, die die gesamtwirtschaftlichen Investitionen begünstigen und dem Ausmaß der innovativen Aktivitäten.

Umgekehrt ist es genauso klar, daß die Einführung neuer Technologien einen Einfluß auf externe ökonomische Bedingungen ausübt. Zum Beispiel werden durch die Veränderungen der Produktivität der Produktionsfaktoren lohnpolitische Reaktionen verursacht, deren Auswirkungen in allen wichtigen Wirtschaftsbereichen spürbar sind.

Die außenwirtschaftlichen Beziehungen sind in diesem Zusammenhang besonders wichtig. Einerseits wirken Änderungen der Faktorproduktivität auf die Konkurrenzfähigkeit der Preise im Außenhandel, andererseits stellen die Produktinnovationen ein wichtiges Element für den internationalen Qualitätswettbewerb dar. Daher ist es auch denkbar, daß die Auswirkungen in entgegengesetzte Richtungen führen können. Diese Frage bildet den Kern der vom DIW (mit Hilfe des sogenannten Langfristmodells) und vom IWS (unter Verwendung der Simulationsmodells TANDEM: Technological Advancement, National Development and Employment) durchgeführten Simulationen.

Bereich 2: Motive und Determinanten der Einführung neuer Technologien

Die Einführung moderner Technologien beeinflußt ein großes Feld betrieblicher Aktivitäten. Gewöhnlich unterscheidet man zwischen Produkt- und Prozeßinnovation, wobei letztere sowohl organisatorische als auch rein technische Veränderungen umfaßt. Dennoch verbleibt beim Versuch, die beiden Innovationsbegriffe zu unterscheiden, eine gewisse Grauzone. Außerdem sind diese beiden Formen neuer Technologien im Normalfall eng miteinander verbunden. In der Tat kann sogar ihre theoretische Unterscheidung zum Problem werden, vor allem im Dienstleistungssektor. Der Einsatz neuer Technologien ist Teil des umfassenden Versuches, den Veränderungen der wirtschaftlichen Umwelt auf Unternehmensebene erfolgreich zu begegnen. Für die große Mehrheit der

Unternehmen kommt der Anreiz zur Innovation direkt von den Produkt- oder Faktormärkten, auf denen sie operieren. Veränderungen auf den Produktmärkten zwingen die Unternehmen, ständig die Qualität ihrer Produkte zu verbessern und/oder ihre Preise einer konkurrenzfähigen Anpassung zu unterwerfen. Das Ausmaß des Innovationszwanges ist von den Marktstrukturen abhängig. Diese werden von den Marktzugangsbarrieren beeinflußt, die durch Innovationsaktivitäten verstärkt werden können.

Die Absorption neuer Technologien verlangt außerdem fortlaufend Investitionen und ist daher auch von jenen Faktoren abhängig, die für Investitionen entscheidend sind. Gleichzeitig werden die Innovationsaktivitäten in einer Wirtschaft von Faktoren allgemeiner und sozialer Natur beeinflußt (wie der sozialen Orientierung und der Organisationskultur). Vier Themen galt in diesem Zusammenhang das Hauptinteresse: Die Ziele der und die Barrieren für Innovation und Investition; Ausmaß und Natur von Produkt- und Prozeßinnovationen; erwartete und tatsächliche Innovationseffekte auf Beschäftigung, Infrastruktur, Marktchancen; Unternehmenskultur und Unternehmensorganisation; und die zusätzlich geplanten Investitionen. In der Meta-Studie wurden diese Probleme auf folgende Weise behandelt:

1. Fallstudien des IfS in den Fertigungsindustrien.
2. Fallstudien und eine repräsentative Unternehmenserhebung im Dienstleistungssektor, durchgeführt von Infratest.
3. Sonderauswertung vom Ifo-Innovations- und Investitionstest
4. Ergebnisse des DIW-Projektes „Betrieb und Innovation“.

Weitere Details über Datenquellen, Methoden und Resultate dieser Studien sind den Berichten der Meta-Teams zu entnehmen, die von Schettkat/Wagner (1989) herausgegeben wurden.

Bereich 3: Innovationsfluß durch interindustriellen Güteraustausch

Die Verbreitung moderner Technologien kann unter zwei Aspekten betrachtet werden. Die Firmen können einerseits selbst den Versuch unternehmen, neue Technologie zu entwickeln, oder andererseits das in anderen Firmen entwickelte Know-how zu nutzen, indem sie es in ihren eigenen Produktionsbereich „importieren“. Deshalb ist die Unterscheidung der Innovationsdichte der „Entwickler“ von jener der „Anwender“ in einer Wirtschaft sinnvoll. Besonders nützlich ist diese Trennung im Investitionsgüterbereich, wo die Produktinnovation von Anlagenherstellern für Firmen, die die neuen Anlagen einsetzen, eine Prozeßinnovation bedeutet. Je schneller der „aktive“ Fortschritt der Produzenten, desto intensiver wird Innovation von den Anwendern „passiv“ eingeführt. Durch den Ankauf von Investitionsgütern wird die Verbreitung in den einzelnen Wirtschaftszweigen betrieben. Aus dieser Sicht können zwei Determinanten für die Innovationsdichte festgestellt werden: Das Ausmaß des geschaffenen Innovationspotentials und die Intensität der Nutzung, die sich in der Anschaffung von Investitionsgütern manifestiert. Die Innovationsdichte einer Wirtschaft kann durch den Rückgang der Investitionen selbst dann abnehmen, wenn die Innovationsausgaben in der Investitionsgüterindustrie zugenommen haben.

Die ursprüngliche Idee der Verbreitung neuer Technologien durch Güteraustausch zwischen den Sektoren kann auf den Investitionsgüterbereich ausgedehnt werden, obwohl das Prinzip in manchen Fällen weniger eindeutig sein kann. Ein Beispiel betrifft die Innovation in der Werkstoff erzeugenden Industrie. Je enger die Verflechtung der Industriezweige in einer Wirtschaft, desto größer sind die Verbreitungseffekte neuer Technologien, wobei es beträchtliche Unterschiede zwischen der Innovationsdichte der Entwickler und jener der Anwender gibt.

Geeignete Indikatoren zur Messung der Innovationsdichte basieren auf den Innovationsstatistiken über die Struktur des Güteraustausches innerhalb einer Wirtschaft (oder die Art, wie sie sich im Zeitverlauf verändert). Als spezifischer Versuch, die Verbreitung neuer Technologien zu analysieren, gilt die Verwendung einer Input- bzw. einer Investitionsgüter-Matrix. Drei Projekte zur Lösung solcher Probleme wurden im Rahmen der Meta-Studie erfolgreich abgeschlossen:

1. Die Innovationsverflechtungs-Matrix, erstellt durch das Ifo, verbindet die Daten des Innovationstests mit der Input-Output-Matrix;
2. die Innovationsverflechtungs-Matrix, erstellt vom ISG, quantifiziert die Verbreitung „innovativer" Produktgruppen mit Hilfe der Investitions-Matrix;
3. der Forschungs- und Entwicklungskapitalstock, erstellt durch das DIW.

Bereich 4: Innovationsdichte und Innovationsgeschwindigkeit

Die Einführung neuer Technologien ist sowohl auf Branchen- als auch auf Unternehmensebene mit erheblichen Risiken verbunden. Aus diesem Grund entscheidet sich gewöhnlich nur eine kleine Anzahl von Unternehmern eines Industriezweiges für den Einsatz einer spezifischen neuen Technologie. Diese „Pioniere" beschränken den Einsatz anfangs auf eine experimentelle Stufe. Erweist sich die Innovation als förderlich, dann entsteht der Anreiz, die Einführung auf das gesamte Unternehmen bzw. auf die gesamte Branche auszudehnen. Die Verbreitung erfolgt nicht nur durch simple Imitation, sondern, da neue Technologien einer kontinuierlichen Entwicklung unterworfen sind, auch in verbesserter und adaptierter Form.

Angesichts des Konkurrenzmechanismus scheint es plausibel, die Verbreitung neuer Technologien mit dem Umsichgreifen einer ansteckenden Krankheit zu vergleichen. Je offensichtlicher die Vorteile der neuen Technologien sind, desto schneller wird die Innovationsbereitschaft in den Abteilungen und Unternehmen wachsen. Betrachtet man diese Frage jedoch von einem praktischen Standpunkt aus, dann stößt der Drang nach Einsatz neuer Technologien auf Hindernisse und Grenzen, die meistens finanzieller und organisatorischer Natur sind. Letztere treten immer dann auf, wenn die Einführung neuer Technologien die Interessen der Beschäftigten beeinträchtigt. In vielen Fällen ist das ein fundamentales Problem, da gewisse Tätigkeiten und Abteilungen an Status gewinnen oder verlieren können. Wenn von den Beschäftigten zusätzliche Qualifikationen verlangt werden, dann besteht immer die Gefahr, daß bestehende Gruppen von Arbeitskräften durch „Newcomer" ersetzt werden.

Dieser Kampf zwischen Anreizen und Hindernissen bezüglich des Einsatzes moderner Technologien schafft ein Muster für die Innovationsdichte, das für jeden Industriezweig verschieden ist. Die Dynamik und das Ausmaß der Verbreitung von Innovationsaktivitäten (oder einer bestimmten Technologie) innerhalb eines Industriezweiges kann anhand quantitativer Indikatoren illustriert werden: (1) Solche, die die Verbreitung (d. h. den Einsatz) bestehender Technologien messen; (2) solche, die außerdem jene Innovationsaktivitäten messen, die keine unmittelbare Wirkung hatten (z. B. das Niveau der Ausgaben für Forschung und Entwicklung). Dieser Bereich wurde von der Meta-Studie mehrfach abgedeckt. Die Längs- und Querschnitts-Untersuchungen, die vom Ifo durchgeführt wurden, machten folgende Quantifizierungen möglich:

1. Das Verhältnis von Innovatoren zu Nicht-Innovatoren sowie von Produkt- zu Prozeßinnovationen;
2. den Zusammenhang von Innovationsausgaben und Beschäftigungsfluktuationen;
3. die Struktur der Innovationsausgaben;
4. die Wirkung von Investitionszyklen.

Die Erhebung des IfS zeigt den Anteil von Anwendern bestimmter Technologien in der Fertigungsindustrie zu jeweils verschiedenen Zeitpunkten, wodurch Aussagen über den vergangenen und künftigen Verlauf der Verbreitung gewonnen wurden. Die Auswertung, die von Infratest vorgenommen wurde, machte die Quantifizierung der Verbreitung bestimmter Technologien im Dienstleistungssektor möglich. Die Input-Output-Analyse des DIW liefert Informationen über die innovative Dynamik in ausgewählten Branchen. Zusätzliche Informationen über die Fertigungsindustrie wurden durch den umfassenden Projektbericht des ISG dargestellt. Wiederum sei auf die Zusammenfassung der Ergebnisse der Teams in Schettkat/Wagner 1989 verwiesen.

Bereiche 5 und 7: Veränderung des Faktoreinsatzes; Arbeitsnachfrage

Die Einführung moderner Technologien führt zu einer Veränderung der betrieblichen Produktionsstruktur, besonders was die Einsatzproportionen der einzelnen Faktoren betrifft. In der neoklassischen Mikroökonomie wird das Ausmaß und die Richtung des technischen Fortschritts gewöhnlich durch seine Auswirkungen auf die Nachfragefunktion der Produktionsfaktoren charakterisiert. Der Einfluß des technischen Fortschritts auf die Preiselastizität der Faktornachfrage ist daher von besonderem Interesse.

Angesichts der Heterogenität der Produktionsfaktoren sollte ihre Unterscheidung über die übliche Einführung in „intermediäre Güter", „Kapital" und

„Arbeit" hinausgehen. Es ist augenscheinlich, daß die Einführung neuer Technologien nicht auf alle Beschäftigungsgruppen dieselbe Wirkung ausübt. Der Einsatz neuer Technologien erfordert in vielen Fällen zusätzliches hochqualifiziertes Personal, während gleichzeitig in bestimmten anderen Bereichen eine Verminderung des Arbeitsaufwands möglich ist. Eine weitere wichtige Differenzierung betrifft die Nachfrage nach Arbeitsstunden und die Nachfrage nach Arbeitskräften. Die Unternehmen haben mehrere Anpassungsstrategien, um Veränderungen in der Nachfrage nach Arbeitsstunden bei gleichbleibendem Beschäftigungsstand zu ermöglichen. Deshalb werden die Effekte des technischen Fortschritts auf die Nachfrage nach Arbeitsstunden nicht automatisch im Beschäftigungsverhalten der Firmen widergespiegelt.

Im Rahmen der Meta-Studie wurden die Produktionsfaktoren in Subkategorien eingeteilt und Analysen sowohl auf Meso- als auch auf Makroebene durchgeführt. Es sind dies:

1. Die sektoralen Längsschnittsuntersuchungen des BAK/FAI.
2. Das FIND-Modell des DIW.
3. Die Input-Output-Analyse des DIW.
4. Die Schätzung des IWS für TANDEM.

Bereich 6: Arbeitsangebot

Die Implementation neuer Technologien kann zu Reaktionen des Arbeitsangebotes führen, wenn Qualifikationen entwertet werden oder wenn das Beschäftigungsniveau sinkt. Die Alters- und Geschlechtsstruktur der Beschäftigten ist von besonderer Bedeutung, wenn neue Technologien Qualifikationen erfordern, die auf die verschiedenen Generationen und Geschlechter nicht gleichmäßig verteilt sind. Zusätzlich zum Strom aus Beschäftigung in Arbeitslosigkeit ist der alters- und geschlechtsspezifische Abstrom aus Erwerbstätigkeit in die Nichterwerbstätigkeit zentral für die Bewertung der branchen- und gruppenspezifischen Arbeitsmarktchancen in Verbindung mit dem Einsatz moderner Technologien und damit verbundenen Veränderungen in den Qualifikationsanforderungen.

Das maximale potentiale Arbeitsangebot ist nur schwer zu bestimmen, da es von zahlreichen kulturellen, sozialen, politischen und ökonomischen Faktoren beeinflußt wird. Im Gegensatz dazu lassen sich das tatsächliche Arbeitsangebot und der Abstrom aus der Erwerbstätigkeit relativ leicht feststellen. Die regelmäßig erfaßten und veröffentlichten Erwerbsstatistiken ermöglichen zudem ein hohes Maß an Differenzierung. Mithilfe eines solchen Ansatzes untersuchte das WZB/AMB

1. den branchenspezifischen Abstrom aus Beschäftigung in die Rente;
2. den branchenspezifischen Abstrom aus Beschäftigung zu anderen Formen der Nichterwerbstätigkeit; und
3. die Veränderung der alters- und geschlechtsspezifischen Erwerbsbeteiligung.

Bereich 8: Arbeitslosigkeit

Die Frage der Verbreitung moderner Technologien im Produktionsprozeß und das Problem der Arbeitslosigkeit werden üblicherweise gemeinsam diskutiert. Die Verbindung ergibt sich aus den Veränderungen des Niveaus und der Struktur der Beschäftigung. Der erste Fall betrifft Veränderungen im Beschäftigungs- und Arbeitslosigkeitsniveau, die ihre Ursachen im Einsatz neuer Technologien haben; der zweite Fall betrifft strukturelle Veränderungen im Hinblick auf Form und Ausmaß von Beschäftigung und Arbeitslosigkeit.

Ein Blick hinter die Arbeitslosenstatistiken läßt die beträchtliche Dynamik im Zu- und Abstrom sowie in der Dauer der Arbeitslosigkeit deutlich werden. Der Anstieg der Arbeitslosigkeit im Verhältnis zur dadurch beeinflußten Zahl der Lohn- und Gehaltsempfänger ist ein Indikator für das Risiko, ein Opfer der Arbeitslosigkeit zu werden. Der Wert dieses Verhältnisses variiert von Branche zu Branche und ist eine Funktion des Ausmaßes der externen Anpassung der Beschäftigten an neue Qualifikationsanforderungen sowie der Entwicklung spezifischer Arbeitsmärkte. Im Gegensatz dazu ist die Dauer der Arbeitslosigkeit in einem bestimmten Wirtschaftszweig nur sehr lose mit der branchenspezifischen Innovationsaktivität verbunden, da die Entlassenen in anderen Branchen Beschäftigung finden oder überhaupt aus der Erwerbstätigkeit ausscheiden können (Frühpensionierung, nichtregistrierte Arbeitslosigkeit).

Aus diesen Gründen ist neben der Analyse der Bestandsdaten über Arbeitslosigkeit auch die Untersuchung der Arbeitsmarktdynamik erforderlich, um auch jene Entwicklungen zu erfassen, die hinter den Bestandsveränderungen stehen. Als Differenzierungskriterium der Arbeitsmarktindikatoren bieten sich zu allererst die verschiedenen Wirtschaftszweige an; eine Differenzierung nach Geschlechtern wurde zusätzlich vorgenommen, um die geschlechtsspezifischen Unterschiede, die ihre Ursache auch in Hintergrundvariablen haben können, aufzuzeigen.

Die Meta-Studie behandelte die folgenden zentralen Themen dieses Bereichs:

1. Veränderung des Arbeitslosigkeitsniveaus.
2. Risiko und Dauer der Arbeitslosigkeit in den verschiedenen Wirtschaftszweigen (berechnet vom WZB/AMB auf Basis der vom BM für Arbeit zur Verfügung gestellten Daten).
3. Die analytische Verknüpfung von Arbeitsmarktindikatoren und Innovationsaktivität (WZB/AMB).

Bereich 9: Veränderung der Qualifikationsanforderungen

Veränderungen der beruflichen Qualifikationen sind für die Beurteilung der Auswirkungen moderner Technologien auf den Arbeitsmarkt besonders wichtig. Die vermutete Entwicklung der Qualifikationsanforderungen steht im Zentrum der Diskussion über Arbeitsanforderungen und Qualität der Arbeitsplätze. Außerdem sind Veränderungen des Qualifikationsprofils hauptverantwortlich für nachfolgende Anpassungsprozesse am Arbeitsmarkt. Neben den Qualifikationen, die am Arbeitsplatz direkt gefordert werden, sind solche zu beachten, deren Notwendigkeit nicht unmittelbar feststellbar sind, wie z. B. soziales oder „fächerübergreifendes Wissen“. Beide Anforderungen gewinnen in komplexen Produktionsprozessen immer mehr an Bedeutung.

Multidimensionale Phänomene stellen insofern ein Problem dar, da es nur unzulängliche Möglichkeiten gibt, sie zu identifizieren und zu quantifizieren. Theoretische und empirische Analysen beschränken sich daher auf die Untersuchung bestimmter Teilaspekte. Beispielsweise werden Berufsklassifikationen oft als Indikator herangezogen, um Veränderungen der Qualifikationsanforderungen zu illustrieren. Dieser Indikator beschreibt nicht nur Qualifikationen und Tätigkeitsarten, sondern auch soziale Wertschätzungen. Zudem sind sie im Qualifikations- und Tätigkeitsprofil im Zeitverlauf nicht homogen, sondern selbst dauernden Veränderungen unterworfen. Da jeder vorstellbare Indikator spezifische Vor- und Nachteile in sich birgt, gibt es keinen, der die gesamte Komplexität der Qualifikationen erfassen könnte. Trotz dieser methodischen Probleme wurden einige Aspekte der Qualifikationsveränderungen im Rahmen der Meta-Studie einer detaillierten Analyse unterworfen.

Das DIW ermittelte Veränderungen in der Berufsstruktur mit Hilfe seiner Input-Output-Analyse, einer Methode, die sowohl den direkten als auch den indirekten Wirkungen neuer Technologien Rechnung trägt. Die DIW-Studie „Mikroelektronik und Mitarbeiterqualifikation“ stellt Informationen über Qualifikationsprozesse zur Verfügung. ISG, BAK/FAI und IWS arbeiten mit Leistungsgruppen von Arbeitern und Angestellten, die aus entsprechenden Daten des Statistischen Bundesamtes stammen. ISG und WZB/AMB benutzten Berufsklassifikationen, um Qualifikationsänderungen zu analysieren.

5. Mikro-Makro-Verbindungen: Drei Kreisläufe

Das analytische Schema (siehe Fig. 1) kann dazu verwendet werden, um die in der Meta-Studie entwickelten Mikro-Makro-Zusammenhänge zu zeigen. Die kausalen Beziehungen, die zwischen den Einflußbereichen ① – ⑨ festgestellt werden konnten, werden durch Pfeile und durch Zuordnung von jeweils vier Nummern angezeigt (◇1 – ◇9) ◇1 – ◇9. Folglich können die zehn Einflußbereiche als ein Netzwerk interpretiert werden, durch das verschiedene, voneinander abhängige Impulse gelenkt werden. Bezüglich der Impulse werden drei Kreisläufe diskutiert:

(A) Der Innovationsgenerierungs/-diffusionskreislauf ◇1, ◇2, ◇3, ◇4
(B) Der Kreislauf der Faktoreinsatzrelation ◇4, ◇5, ◇7, ◇8
(C) Der Makroökonomie-Arbeitsmarktkreislauf ◇5, ◇6, ◇7, ◇9

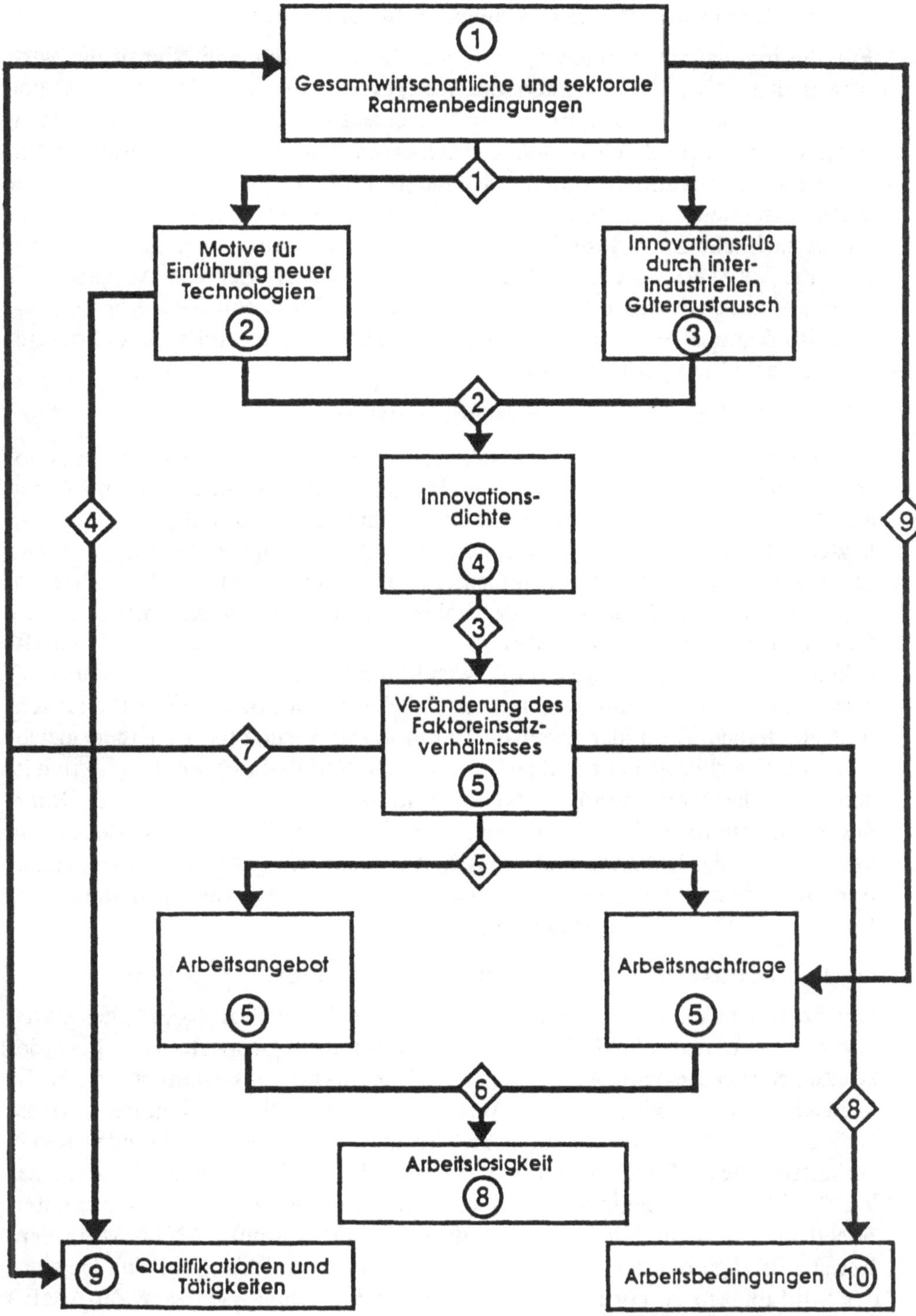

Figur 1. Analytisches Schema der Meta-Studie – eine diagrammatische Darstellung

ad (A): Der Innovationsgenerierungs/-diffusionskreislauf

Für die innovativen Firmen ② sind sowohl das allgemeine Niveau der wirtschaftlichen Aktivität als auch die Konkurrenz für ihre Produkte ◇1 von Bedeutung. Das Innovationsmotiv liegt meistens im Anreiz, Engpässe zu beseitigen, die den betrieblichen Ablauf erschweren. Die sich in den Gütern manifestierende Innovation kann durch eine Innovationsfluß-Matrix, welche die Verbreitung neuer Produkte in einer Wirtschaft aufzeigt, bewertet werden ③. Die tatsächliche Innovation kann in Form der Investitionen (z. B. Fallstudien über die Verwendung von Informationstechnologien) oder von Ausgaben für Innovationsaktivitäten erfaßt werden ③. Diese Beobachtungen können, wie vom Ifo demonstriert, auf Betriebs-, auf Branchen- oder auf makroökonomischer Ebene durchgeführt werden.

ad (B): Der Kreislauf der Faktoreinsatzrelation

Durch eine Differenzierung der Qualifikationsniveaus übt umgekehrt die Innovationsdichte ④ einen Einfluß auf den Input von Investitionsgütern und Arbeit aus ◇5, ◇3, ◇9, ◇4. Die Ergebnisse lassen darauf schließen, daß Kapital in den letzten Jahren als Substitut für unqualifizierte Arbeit eingesetzt wurde, während qualifizierte Arbeit eher als Komplement zum Kapitaleinsatz zu betrachten ist ⑤, ⑨, ⑦. Diese Veränderungen des Faktoreinsatzes wirken sich direkt auf die Bedingungen des Arbeitsmarktes ⑥, ⑦, ⑧, ◇5, ◇6 und des gesamtwirtschaftlichen Systems ⑤, ①, ◇7 aus, da Anwendungen im Faktoreinsatzverhältnis ◇5 einen unmittelbaren Einfluß ◇5 auf das Arbeitsangebot ⑥ und die Arbeitsnachfrage ⑦ haben. Veränderungen im Faktoreinsatzverhältnis ⑤, haben gleichzeitig Rückwirkungen auf makroökonomische Variablen ① wie Produktivität, Ansteigen der Wertschöpfung, Niveau und Struktur der Faktor- und Güterpreise oder auf die Politik einflußreicher Institutionen (Zentralbank, Regierung, Vertretungen der Industrie und der Arbeitnehmer). Umgekehrt hat diese Reaktion über den ersten Kreislauf Folgen für die innovativen Aktivitäten der Firmen und für die Arbeitsnachfrage.

ad (C): Der Makroökonomie-Arbeitsmarktkreislauf

Der dritte Kreislauf aggregiert den Einfluß von Innovation (④, ◇3, des ersten Kreislaufes) und von Veränderungen der Faktoreinsatzproportionen (⑤, ◇5 des zweiten Kreislaufes) auf Arbeitsmarkt und Beschäftigungssystem ◇6, ◇7, ⑧. Es hat sich herausgestellt, daß das Ausmaß der Innovationsaktivitäten und die Größe der Wahrscheinlichkeit, arbeitslos zu werden, sich zueinander invers verhalten. Dieses Resultat wurde erzielt sowohl durch eine Partialanalyse des WZB/AMB, deren Gegenstand das Verhältnis zwischen Innovationsniveau und Arbeitsmarktdynamik war, als auch durch Simulation mit TANDEM, in dem Kreislaufbezüge enthalten sind. (Deshalb ist auch in TANDEM das Gewicht der Einflußfaktoren etwas geringer als in der Partialanalyse des WZB/AMB.) Innovation ist folglich ein wichtiger Faktor, um den Anstieg der Arbeitslosigkeit zu begrenzen. In diesem Sinne muß Innovationsförderung durch eine geeignete Technologiepolitik als eine Hauptaufgabe der Regierung angesehen werden. Die TANDEM-Simulation ließ außerdem den Schluß zu, daß ungefähr ein Drittel der Gesamtinnovationen durch innovationsfördernde Maßnahmen der öffentlichen Hand bewirkt wird. Die anderen zwei Drittel sind auf den internationalen Handel sowie endogene Marktkräfte zurückzuführen.

Eine Partialanalyse des DIW, unterstützt durch makroökonomische Simulation, bestätigte die Resultate von Ifo, ISG und WZB/AMB: Innovation verzögert den Anstieg der Arbeitslosigkeit. Aufgrund der Simulationen gelangte man weiter zu der Erkenntnis, daß eine Stimulierung der Innovationen allein für das Erreichen der Vollbeschäftigung nicht ausreicht. Innovation, das geht aus der Meta-Studie hervor, ist zwar eine notwendige, nicht aber eine hinreichende Bedingung für eine günstige Beschäftigungsentwicklung. Die Erforschung der hinreichenden Bedingungen, vor allem die Steuerung der effektiven Nachfrage durch Geld- und Fiskalpolitik, lag jedoch nicht in der Aufgabenstellung der Meta-Studie (für die Auseinandersetzung mit diesem Argument siehe Hanappi und Wagner 1989).

Wie schon erwähnt wurde, kann das Ergebnis der Meta-Studie als Resultat eng verflochtener Forschungsanstrengungen betrachtet werden. Die Dichte der Input-Outputrelation im Rahmen der Meta-Studie wird in Tabelle 1 (S. 34) verdeutlicht. Darin werden sowohl die Beiträge der acht Teams zu den neun Einflußbereichen als auch zu den drei wichtigen kausalen Kreisläufen, sowie der Gebrauch, der von anderen Teams davon gemacht wurde, dokumentiert. Eine Darstellung der sichtbaren Koordinationstätigkeiten, die für das Ergebnis der Meta-Studie notwendig waren, findet man bei Matzner, Schettkat und Wagner (1988); das Ausmaß der nicht unmittelbar ersichtlichen Koordinationstätigkeit läßt sich nur vom Ergebnis der Meta-Studie ableiten.

6. Vorläufige Beurteilung der Resultate

Die empirischen Resultate der Meta-Studie zu den vier Hauptfragestellungen unterstützen die Ansicht, daß Innovation durch Stärkung der Konkurrenzfähigkeit ein Anwachsen der Arbeitslosigkeit, das bei geringerem Innovationsniveau unvermeidbar wäre, bremst. Diese Erkenntnis wirft neues Licht auf die gegensätzlichen Meinungen bezüglich der Beschäftigungseffekte von Innovationen.

Zum *ersten* Untersuchungsfeld – der Dichte und der Geschwindigkeit der Diffusion – liegen für die Industrie die Ergebnisse von IfS und für den Dienstleistungssektor von Infratest vor. Es werden zwei Formen der Innovation unterschieden. Einerseits kann Innovation durch firmeneigene Anstrengungen, andererseits durch den Ankauf erfolgreicher Technologien von anderen Firmen

Einflußbereiche	Kausale Beziehungen
1. BAK/FAI: ⑤⑨	◇7
2. DIW: ①②③⑤⑦⑧⑨	◇1 ◇2 ◇3 ◇7 ◇9
3. HHI: ⑨	
4. IFO: ①②③④⑦⑧	◇1 ◇2 ◇3 ◇4 ◇7 ◇9
5. Infratest: ②④⑨	◇2 ◇4
6. IfS: ①④⑥⑦⑧⑨	◇2 ◇4 ◇6
7. ISG: ②④⑤⑥⑦⑧	◇2 ◇3 ◇5 ◇6
8. IWS: ①③④⑤⑥⑦⑧	◇1 ◇2 ◇3 ◇5 ◇6 ◇7 ◇9
9. WZB/AMB: ③④⑥⑦⑧	◇2 ◇3 ◇5 ◇6

Tabelle 1 Beitrag zu den Resultaten der Meta-Studie und deren Nutzung durch die Teams der Meta-Studie

erfolgen. Jene Firmen, die selbst Anstrengungen für innovative Entwicklungen unternehmen, sind, auch was den Innovationsankauf von anderen Firmen betrifft, überdurchschnittlich aktiv.

Im *zweiten* Untersuchungsfeld stand die Frage Faktorsubstitution im Mittelpunkt. Dabei hat BAK/FAI herausgefunden, daß der Einsatz neuer Technologien ein Substitut für unqualifizierte Arbeit bildet und den Bedarf an qualifizierter Arbeit erhöht. Der Nettoeffekt der Substitution ist negativ (siehe auch DIW, Kapitel 5.2 in Matzner/Wagner 1990).

Der *dritte* Bereich befaßt sich mit bis dahin ungenutzten statistischen Informationen. Im Rahmen der Meta-Studie wurde zum ersten Mal der gesamte Datenbestand, der für die Beschäftigungsentwicklung in der BRD verfügbar ist, nach Firmengröße und nach Sektoren aufgeschlüsselt. Ebenfalls als Neuheit zu betrachten ist die vom DIW erstellte Matrix der Beschäftigungsqualifikationen, die mit dem System der Volkswirtschaftlichen Gesamtrechnung voll kompatibel ist.

Die *vierte* Fragestellung, die Erforschung der Möglichkeit einer Mikro-Makro-Brücke, war zugleich die dornigste. Auf der pragmatischen Ebene lief dies auf die Beantwortung der Frage hinaus, ob die Erstellung eines umfassenden und kohärenten Schemas für die Erfassung der Daten über die Entwicklung und den Einsatz neuer Technologien, sowie über damit zusammenhängende Veränderungen auf den Arbeitsmärkten und im Beschäftigungssystem, möglich ist. Das Ergebnis ist positiv (Schettkat und Wagner, 1988). Die Schwierigkeit lag in der Frage, ob es für die Konstruktion einer tragfähigen Mikro-Meso-Makro-Brücke eine ausreichende theoretische Grundlage gibt. Wie schon erwähnt, war die fundamentale Frage in diesem Zusammenhang, in welchem Ausmaß zuverlässige Makro-Resultate durch die Aggregation der Beobachtung auf der Mikro-Mesoebene erreicht werden können. Das pragmatische Problem bestand darin, zu entscheiden, ob Mikrodaten zur Analyse der Zusammenhänge auf der Meso- und Makroebene herangezogen werden dürfen, bevor das theoretische Problem gelöst ist.

Theoretisch ist jeder Aggregationsversuch durch die Generalisierung von Beobachtung auf der Mikroebene dem wohlbekannten aber oft vernachlässigten „Trugschluß der Aggregation“ oder „fallacy of composition“ ausgesetzt (Bhaduri, 1986). Die Konstruktion einer perfekten Mikro-Makro-Brücke ist deswegen aus logischen Gründen wohl nicht durchführbar. Im Rahmen der Meta-Studie und anderer Projekte (Amendola, 1988; Dosi et al., 1988; Eliasson, 1988; Freeman, Soete 1987) wurden Lösungsansätze verfolgt, die Makroebene mittels einer „bottom up“ Methode durch Stichprobenanalysen und Fallstudien aus dem Mikroverhalten zu konstruieren. Diese Versuche sind als pragmatischer Weg zur Verbesserung der Qualität aggregierter Daten in einem dynamischen Kontext durchaus gerechtfertigt. Die dadurch erzielten Resultate können aber nur als Beitrag zu einer „science of imprecision“, wie sie Shackle (1972) als erkenntnistheoretisch geeigneten Ansatz zur Untersuchung ökonomischer und sozialer Probleme vorgeschlagen hat, gewertet werden.

Die Meta-Studie sollte auch den Wissensstand durch methodischen Fortschritt verbessern. Fünf Beiträge, die im Rahmen der Meta-Studie erbracht wurden, sollen in diesem Zusammenhang hervorgehoben werden:

1. Die Konstruktion einer Innovationsfluß-Matrix (auf Meso- und Makroebene) auf der Grundlage der Ifo-Innovationstests.
2. Die Dynamisierung des DIW Input-Output-Modells auf Basis der Mikrodaten von Ifo, IfS, Infratest und der DIW-Forschung auf Mikroebene.
3. Die Beurteilung der Wirkung, die der Einsatz von Robotern in elf Industriebranchen in den Jahren 1980–1985 ausübte. Dieser innovative Schritt gelang durch die Einführung von Mikrodaten in das dynamische Input-Output-Modell des DIW.
4. Die Aufteilung branchenbezogener Innovationsindikatoren durch das ISG auf der Grundlage des Ifo-Innovationstests und ihre Verwendung zur Erklärung der Arbeitsmarktdynamik durch das WZB/AMB.
5. Die Schaffung einer Verbindung zwischen FIND (ein um „Innovationsfunktionen" erweitertes sektorales Modell) und dem langfristigen Prognosemodell des DIW.

7. Ausblick

Die Beiträge der Meta-Studie liefern eine Momentaufnahme des sich rasch entwickelnden Bereiches der Erforschung der Folgen des Einsatzes moderner Technologien. In vielerlei Hinsicht ist dieses Bild recht selektiv, da aufgrund der zeitlichen Restriktion – die Meta-Studie mußte in zwei Jahren abgeschlossen werden – nur eine Auswahl jener Arbeiten berücksichtigt wurde, die es in diesem Zusammenhang in der BRD gibt. Im Rahmen der Meta-Studie entstanden dennoch viele Kontakte zu anderen Forschungsprojekten, die in dieser Übersicht nicht im einzelnen aufgeführt werden können.

Zum Abschluß scheint es lohnend, einige Gedanken über weitere Schritte zu umreißen. Diese Überlegungen sind als subjektive Einschätzungen anzusehen; sie sind unter vier Begriffen zusammengefaßt: *„Konzepte"*, *„Analysefelder"*, *„Modelle"* und *„Daten"*.

Was die *Konzepte* betrifft, so hat die ökonomische Innovationsforschung noch eine gewaltige Aufgabe vor sich. Die zukünftige Aufgabe sollte nicht in der Ersetzung des fruchtbaren Konzeptpluralismus durch einen einzigen Geniestreich, der einen einheitlichen Rahmen liefert, sondern in der Beantwortung zentraler konzeptueller Fragen bestehen. Dazu zählen beispielsweise: Wie werden bestehende Kenntnisse durch neues Wissen ersetzt? Kann Innovation als selbständiger Produktionsfaktor betrachtet werden? Durch welches Medium

(Information, Investitionsgüter, Humankapital) werden neue Technologien weitergegeben? Unter welchen Bedingungen kann eine Vielzahl einzelner technologischer Veränderungen als „technischer Fortschritt" (gemessen in Preisgrößen) dargestellt werden?

Hinsichtlich der *Analysefelder* bedürfen die Beiträge der Meta-Studie einer weiteren Ausarbeitung. Das gilt v. a. für die Bereiche „Arbeitszeit", „Arbeitsangebot" und „Arbeitsbedingungen". Die Tatsache, daß diesem Aspekt in der ursprünglichen Projektausschreibung nur wenig Beachtung geschenkt wurde, hat sich als unbeabsichtigte Einschränkung herausgestellt. Davon besonders betroffen sind die Beschäftigungseffekte neuer Technologien, die sich nicht zuletzt in einer Veränderung der Arbeitszeit niederschlagen. Die Beiträge der Meta-Studie bieten jedoch genug Möglichkeiten, um Forschung in diese Richtung anzuschließen. Eine wirklich fruchtbare Diskussion der Arbeitsmarkteffekte neuer Technologien ist erst dann möglich, wenn sowohl diese Aspekte als auch Untersuchungen der Anpassungsprozesse berücksichtigt werden.

Die Arbeit an *Modellen* zur Identifizierung der Wirkungen des technischen Fortschritts wurde im Rahmen der Meta-Studie soweit vorangetrieben, daß sich die Richtung der nächsten Schritte leicht erkennen läßt. Die Konstruktion miteinander verflochtener Innovationsfluß-Matrizen konnte erfolgreich durchgeführt werden. Dieser Brückenschlag bedarf nunmehr einer weiteren Verfeinerung. Trotzdem verbleibt die Endogenisierung der Innovationsaktivitäten in disaggregierte makroökonomische Modelle als offene Frage. Erst wenn Preis- und Mengeneffekte einschließlich makroökonomischer Rückkopplungen simultan und explizit modelliert sind, kann die ökonomische Innovationsforschung behaupten, den üblichen Standard makroökonomischen Modellbaus erreicht zu haben.

Zusätzlich zum Brückenbau zwischen den verschiedenen Aggregationsstufen sollte man über eine andere Richtung des Modellbaus nachdenken, nämlich über die Schaffung einer analytischen Schnittstelle zwischen Größen, mit denen sich die Ökonomie traditioneller Weise befaßt und solchen, die für die soziologische Theorie der sozialen Organisation relevant sind. So ein Versuch ist allerdings sehr anspruchsvoll, da die Menge der soziologischen und ökonomischen Variablen an der Schnittstelle der beiden Disziplinen nur ungenau erfaßbar sind. Trotzdem kann man davon ausgehen, daß sich Ausgaben für die Konstruktion von Simulationsmodellen bezahlt machen würden. Vor allem könnten sie helfen, die Fülle an quantitativen Daten, die durch Untersuchungen einzelner Firmen verfügbar sind, zu organisieren.

Schlußendlich wird durch die Meta-Studie bestätigt, daß der Mangel an *Daten* und die Vielfalt an heterogener Information eine Herausforderung an die analytischen Fähigkeiten der Sozialwissenschaften darstellt. Deutsche Fonds wären daher gut beraten, würden sie den Aufbau kohärenter Datenbanken für den technischen Fortschritt und für Arbeitsmarktprozesse auch in Zukunft unterstützen. Für die Entwicklung der deutschen Sozialwissenschaften insgesamt wird der Aufbau und die Bereitstellung einer solchen Infrastruktur in Zukunft von wachsender Bedeutung sein.

Als letzter Punkt sollte folgendes Beachtung finden: In fast allen schriftlichen und mündlichen Kommentaren zur Meta-Studie herrscht Übereinstimmung darüber, daß die Komplexität in der Beziehung zwischen Innovation, neuen Technologien und Beschäftigungssystem durch die Studie eines einzigen Landes nicht befriedigend behandelt werden kann. Eine Ausweitung der Meta-Studie auf die internationale Dimension bietet sich als wichtiger nächster Schritt an und sollte Gegenstand zukünftiger Forschungsprogramme sein (Petrella, 1989). Tatsächlich hat die Europäische Kommission eine Forschungsarbeit über eine „Makroökonomische und sektorale Analyse der zukünftigen Beschäftigungs- und Qualifikationsperspektiven der neuen Informationstechnologien in der Europäischen Gemeinschaft" veranlaßt. (Vgl. das „Journal officiel" der EG, 1989). In der Vorbereitung dieser öffentlichen Studie wurde auf die Ergebnisse der Meta-Studie verwiesen. Außerdem wurden einige Wissenschaftler, die an Beiträgen zur Meta-Studie beteiligt waren, zur Mitarbeit an diesem neuen EG-Projekt eingeladen.

Literatur

Amendola, M. und Gaffard, J.-L. (1988): The Innovative Choice, Basil Blackwell, Oxford.

Bhaduri, A. (1986): Macroeconomics: The Dynamics of Commodity Production, Macmillan, Basingstoke.

Dosi, G., Freeman, C., Nelson, R., Silverberg, G. und Soete, L. (1988): Technical Change and Economic Theory, Pinters Publishers, London.

EC Official Journal (1989): Macro-economic and Sectoral Analysis of Future Employment and Training Perspectives in the New Information Technologies in the European Community, Public Tender 89/C 160/03, June 1989, Brussels.

Elliasson, G. (1988): 'Moses' – A Presentation of the Swedish Micro-to-Macro Economic Model, Working Paper no. 197, Industrial Institute for Economic and Social Research, Stockholm.

Freeman, C. und Soete, L. (eds) (1987): Technical Change and Full Employment, Basil Blackwell, Oxford.

Friedrich, W. und Ronning, G. (1985): Arbeitsmarktwirkungen moderner Technologien, Vorstudie, Institut für Gesellschaftspolitik, Köln.

Hanappi, G. und Wagner, M. (1989): 'Balanced Innovation Policies. The Macroeconomic Trade-Off Between Employment Growth and Speed of Industrial Innovation in the Federal Republic of Germany', in E. Matzner (ed), No Way to Full Employment? The Full Documentation of the International Conference on 'No Way to Full Employment?', WZB/LME in Berlin, 5–7 July, 1989, Discussion Paper FS I 89, special issue, Wissenschaftszentrum Berlin für Sozialforschung.

Matzner, E., Schettkat, R. und Wagner, M. (1988): Beschäftigungsrisiko Innovation?, edition sigma, Berlin.

Matzner, E. und Wagner, M. (eds) (1990): The Impact of New Technology on the Employment System: The Case of West Germany, Avebury, Aldershot.

Petrella, R. (1989): «La mondilisation de la technologie et de l'économie. Une (hypo)thèse prospective», futuribles, September 1989.
Schettkat, R. und Wagner, M. (1988): Possibilities for an Up-to-Date Indication System of the Labour Market Effects of New Technology, research report, WZB/LME (mimeo).
Schettkat, R. und Wagner, M. (eds) (1989): Technologischer Wandel und Beschäftigung. Fakten, Analysen, Trends, Walther de Gruyter, Berlin, New York.
Shackle, G. L. S. (1972): Epistemics and Economics, Cambridge University Press, Cambridge.

B. Die Meta-Studien – Erfordernisse und Defizite

V. Von Meta I zu Meta II

W. Dostal

1. Probleme der Mikro-Makro-Verknüpfung

Das Problemfeld Technik und Beschäftigung wird schon sehr lange diskutiert und erfreut sich allgemeinen Interesses. Bereits in der frühen Industrialisierung hat man sehr intensiv nach den Zusammenhängen zwischen Technik und Beschäftigung gefragt und hat auch schon damals erkannt, daß prinzipiell zwei Betrachtungsebenen existieren:

- die Mikro-Ebene, in der einzelne technische Vorgänge unmittelbare Beschäftigungsauswirkungen zeigen,
- die Makro-Ebene, wo für Regionen, Branchen, Volkswirtschaften oder die Welt insgesamt die globalen Größen, Technik auf der einen Seite und Beschäftigung auf der anderen Seite, in zunächst nicht klar erkennbarer Weise miteinander verknüpft sind.

Diese beiden Sichtweisen im Beziehungsfeld Technik/Beschäftigung sind natürlich durch Wissenschaftsbereiche und innerhalb derer nach Schulen differenziert. Sie alle versuchen, die hohe Komplexität der Realität so weit zu reduzieren, daß einfache Denk- und Rechenmodelle entstehen, die dann in der Lage sind, einerseits die Veränderungen zu erklären, andererseits aufgrund der vermuteten Struktur die Wirkungen von einzelnen Impulsen oder Eingriffen vorab abzuschätzen.

Die Zusammenhänge zwischen Technik und Beschäftigung lassen sich nun in direkte und indirekte, Wirkungen erster, zweiter, dritter und weiterer Ordnung einteilen. In der *Mikroanalyse* werden Einzelfälle betrachtet, bei denen meist von einer technischen Änderung ausgegangen wird, beispielsweise von der Installation einer Maschine oder eines neuen Systems, dann werden soweit möglich alle beschäftigungsrelevanten Aspekte beobachtet und erfragt, und je nach den Fähigkeiten des Fragestellers bzw. Beobachters und der Auskunftsbereitschaft der Betroffenen ergibt sich daraus eine ausführliche Beschreibung des Umstellungsfalles, die dann meist auch implizit Bewertungen enthält.

Die besonderen Probleme dieser Mikroanalysen sind die folgenden:

- Die Aussagen sind meist verbal (s. dazu die Infratest-Studie).
- Eine verallgemeinernde Quantifizierung erfolgt nur in Ausnahmefällen und ist meist auch aufgrund der erhobenen Informationen kaum möglich. Wenn sie gemacht würde, dann ist sie nicht relativierbar.

– Der Aufwand derartiger Mikro-Studien ist auch bei nur wenigen technischen Änderungen gigantisch, deshalb erfolgen vorwiegend punktuelle Untersuchungen, in denen lediglich einzelne Techniken, einzelne Branchen oder auch nur einzelne Umstellungsfälle betrachtet werden. Dies ist bei Meta II ganz deutlich geworden: Sowohl Ifs als auch Infratest, die beiden Institute, die die Mikro-Ebene abdecken, machen bereits auf der Technik-Ebene erhebliche Einschränkungen. Dies gilt auch für die DIW-Studie.

Wegen der Einschränkungen bei dem Spektrum möglicher Untersuchungsbereiche werden die tatsächlichen Untersuchungsfelder sehr sorgsam ausgewählt. Bereits diese Auswahl, die Einschränkung des Blickwinkels, beruht auf eher subjektiven Faktoren und reduziert die Verallgemeinerungsfähigkeit der Ergebnisse noch weiter. Häufig wird diese Einschränkung vom Auftraggeber vorgegeben, im Falle der Meta-Studie haben die bearbeitenden Institute diese Auswahl von sich aus vorgenommen.

Ein weiteres Problem im Bereich der Mikroanalysen hat sich in den vergangenen Jahren reduziert. So haben sich in der Frühzeit der Arbeitssoziologie manche Fehler dadurch eingeschlichen, daß die Wissenschaftler erhebliche Defizite bei der Rezeption und Analyse von Technik und von technischen Aktivitäten hatten, was sich dann auf Arbeitsergebnisse häufig sehr ungünstig ausgewirkt hat. Hier kann konstatiert werden, daß der technische Sachverstand bei den Arbeitssoziologen erfreulich zugenommen hat.

Es ist also heute weitgehend bekannt, wo die Vor- und die Nachteile der Mikroanalysen liegen. Es deutet sich aber an, daß sinnvolle Mikroanalysen nur dann durchgeführt werden können, wenn auch die Makroseite berücksichtigt wird und wenn während der Analyse immer die Verknüpfungsmöglichkeit mit Makro-Informationen bedacht wird.

Die *Makroanalyse* beruht auf der Sekundärauswertung von Daten, die irgendeinen Bezug zu dem Erkenntnisfeld Technik und Beschäftigung haben. Die Breite und die unterschiedliche Qualität dieser Daten macht es schwer, aus dem großen Spektrum jene Daten auszusieben und zu verdichten, die solide Erkenntnisse erwarten lassen. Für die Verarbeitung dieser Daten gibt es eine große Zahl von Rechen- und Modellierungsverfahren, die allerdings nicht immer in der Lage sind, die gewünschten komprimierten Zusammenhänge zu liefern.

Folgende Probleme stehen im Vordergrund:

– Die Dimension dieser Daten ist nicht immer einheitlich. Zwar gibt es bei der Messung der Beschäftigung nur wenig Probleme, da hier Personen gezählt werden, doch die Arbeitsvolumenrechnung (siehe dazu Kohler/Reyher 1988) hat gezeigt, daß mit zunehmender Flexibilisierung von Arbeitsverhältnissen das Normalarbeitsverhältnis seine dominante Bedeutung verliert und andere Kenngrößen mit berücksichtigt werden müssen.

Bei der Technik jedoch ist die Frage nach einheitlichen Dimensionen eine bisher ungelöste Herausforderung. Für die Messung von technischem Wandel und von Technik selbst gibt es bisher kein einheitliches Maß. Technik selbst, ihre Anwendung, ihre Dynamik, ihre Sinnhaftigkeit – all diese Kategorien sind nur in ihren jeweils spezifischen Dimensionen erfaßbar und eher subjektiv als objektiv meßbar.

– Ein weiteres Problem bei Makrostudien sind die Nahtstellen der Teilmodelle, in denen die Beziehungen zu Rahmenstrukturen abgeschnitten sind. Dort müssen dann Randinformationen extern festgelegt werden, die dann häufig die Teilmodelle selbst und das Zusammenspiel dieser Teilmodelle derart dominieren, daß die Modelle intern nur wenig Erklärungsbeiträge liefern können.
– Sonstige Probleme bei Makrostudien liegen in den großen Datenmengen und in ihrer datenschutzrechtlichen Unbedenklichkeit. Wegen der Arbeitsteiligkeit bei der Erfassung und der Weiterverarbeitung von Makrodaten ergeben sich dabei immer wieder Informations- und Know-how-Verluste, die auch im Falle der Meta-Studie zu Einschränkungen bei der adäquaten Interpretation derartiger Daten geführt haben.

In beiden Fällen, bei Mikro und bei Makro, zeigt sich die besondere Problematik der Prognose. Man kann zwar bei Mikrostudien die Einstellung der Befragten und deren Sicht auf zukünftige Entwicklung erfassen, bei Makrodaten ist das nicht möglich.

In der Meta-Studie hat man versucht, Mischansätze zu realisieren. Grundproblem dieser Mischansätze ist ihre unzureichende theoretische Begründung, der Zwang zur Interdisziplinarität – die derzeit eher abzunehmen scheint – und das eher abschreckende Phänomen, daß Mischansätze immer als ein Indiz für eine relativ frühe Phase wissenschaftlicher Aktivitäten angesehen werden. Je älter und je erfahrener eine Wissenschaft ist, um so weniger Mischansätze sind zu erkennen. Es ist ein Problem der Meta-Studie, daß die beteiligten Institute bei der Entwicklung und Nutzung derartiger Mischansätze sehr zurückhaltend gewesen sind.

2. Ungeklärte Probleme im Forschungsfeld Technik und Beschäftigung

Wie schon erwähnt, sind die *Definitions-, Meß- und Stufungsprobleme von Technik* in diesem Zusammenhang von besonderer Bedeutung. Bereits die Eingliederung verschiedener Techniken in ein System oder eine Gliederung von Technik oder ihrer Anwendungsbedingungen ist bis heute nicht gelöst. Zwar werden immer wieder sogenannte Techniklinien definiert (s. dazu Prognos/IAB-Studie Rothkirch/Weidig 1985), doch hier hat die Meta-Studie keine weiteren

Beiträge geliefert. Insbesondere die Frage der Kategorisierung, der Untergliederung technischer Aktivitäten, der Aufbau einer Technikklassifikation, kurzum, die grundlegende Strukturierung der Technologie, ist in der Meta-Studie nicht angegangen worden. Die Meta-Studie hat sich auf Technikauswahl beschränkt. Strukturiert wurden höchstens aus Technik abgeleitete Größen, wie beispielsweise die Innovation.

Ein weiteres ungeklärtes Problem im Feld Technik/Beschäftigung ist die *Frage der Technikprognosen.* Gerade in diesem Erkenntnisfeld gibt es eine Vielzahl von Prognosen, deren Güte und Eintreffwahrscheinlichkeit – bezogen auf frühere Prognosen – außerordentlich niedrig liegt (s. dazu Ulrich 1980). Diese schlechten Erfahrungen haben dazu geführt, daß auch auf der technischen Ebene heute wenig Technikprognosen erfolgen. Trotzdem beruhen die meisten Beschäftigungsprognosen weiterhin auf impliziten Technikprognosen.

Ein drittes wesentliches Problem ist das *Isolierungs- und Zurechnungsproblem.* Wie lassen sich Beschäftigungsveränderungen technischen Auslösefaktoren zuordnen, wie lassen sich die Wirkungen verschiedener Techniklinien jeweils getrennt auf Beschäftigung isolieren? Umgekehrt ist es natürlich ebenfalls kaum geklärt, welche Rahmenbedingungen technischen Wandel mit jeweiligen Beschäftigungsfolgen fördern, hemmen oder in anderer Weise beeinflussen. Dies ist dann auch eine Frage der Rückkopplungsprozesse, die auch in diesem Kontext auftauchen und Auswirkungen zeigen.

Weitere Probleme liegen in *den mangelhaften Verallgemeinerungsmöglichkeiten und der Repräsentativität,* wie sie insbesondere bei Mikrostudien auftreten.

Interessant in diesem Zusammenhang ist die Frage, ob es eine sogenannte „industrielle Komplexanalyse“ geben kann, in der die Auswirkungen technischer Änderungen in einem Betrieb auf die Betriebsverhältnisse und damit die Beschäftigung in den Liefer- und Abnehmerbereichen und bei konkurrierenden und komplementären Produkten ermittelt werden können. Hierzu liegen einige Ansätze in der Meta-Studie vor, sie sind aber nicht systematisch integriert worden.

Ein großes Bedürfnis, *Frühindikatoren für Technik- und Beschäftigungsveränderungen* zu finden, ist in der Meta-Studie nur peripher behandelt worden. In der Aufgabenstellung zur Meta-Studie waren zwar derartige Fragen enthalten, sie sind aber in der Folge durch andere Aktivitäten überdeckt worden.

Ein weiteres Problem ist die *Bestimmung und Abgrenzung der Gestaltungsräume, der Flexibilität* und ihrer Grenzen im Zusammenspiel zwischen Technik und Beschäftigung. Leider ist auch zu dieser Frage bisher nur wenig erarbeitet worden. Derartige Flexibilitäten und Rigiditäten sind aber von besonderer Bedeutung für Kausalanalysen.

Ein weiteres Problem scheint das *Saldierungsproblem* zu sein. Die Ambivalenz technischer Entwicklungen, die sich sowohl quantitativ als auch qualitativ zeigt, ist auf den verschiedenen Aggregationsebenen durchaus unterschiedlich ausgeprägt. Je nachdem, ob die Effekte an der Wurzel oder bereits in abgestimmten Wirkungsbereichen erfaßt werden, ergeben sich unterschiedliche Aspekte und Gewichtungen.

Als letztes Problem sei hier die Frage der *dynamischen Analyse* angeführt, in der neben den Nahwirkungen einer Technik auch die Fernwirkungen nach Raum und Zeit einbezogen werden. Bei heutiger Großtechnik führen bestimmte Techniken zu Folgetechniken, insbesondere dann, wenn die erste Technik Fehler enthält. So kann neue Technik Reparaturtechnik für alte fehlerbehaftete Technik sein. Diese Frage ist bei der Meta-Studie leider nicht behandelt worden, obwohl sie in Assessment-Studien durchaus ihre Bedeutung hat (s. dazu Mertens 1988). So gibt es die These, daß ein Großteil heutiger innovativer Technik als Antwort auf die Fehler und Schwächen früherer Technik verstanden werden kann.

3. Erklärungsbeitrag der Meta-Studie für diese Problemstellungen

3.1 Meta I

Meta I beruht auf fünf „Blickrichtungen"

- Kabinettstudien als Basis- und Vorgängerstudien,
- Strukturberichterstattung (mit einer ex-post-Validierung),
- spezielle empirische Untersuchungen,
- internationale Studien mit weiterführender Methodik,
- aktuelle Prognosen.

Dies sind die Grundlagen für Meta I, auf die die folgenden Aussagen aufbauen. In der Studie wird konstatiert, daß man die Ergebnisse so hinnehmen müsse, allerdings seien die Methoden relativ klar zu bewerten. Als Analyserichtung hat die Meta I-Studie den Weg von Mikro nach Makro vorgegeben. Dies wurde dann auch in die Ausschreibung von Meta II mit aufgenommen. Dies ist eine sehr massiv einschränkende Vorgabe gewesen, da durch diese Vorgabe die mögliche Methodenvielfalt bei Meta II von vorneherein eingeschränkt worden ist. Mögliche kreative Alternativen bei der Methode konnten deshalb nicht mit der erforderlichen Intensität eingebracht werden. Dies wird noch dadurch problematisiert, daß die Methodeninterpretation in der Meta I-Studie ausgesprochen vage ist: „Spezifische Techniken und ihre besonderen Wirkungen sollten mit auf die Branche oder die Technik abgestimmten Verfahren erfaßt werden, die aber in ein globales Konzept integriert sein müßten" (Meta I).

Die Aussagen zu der erforderlichen Methode bei Meta I sind nicht erkennbar aus den Interpretationen vorliegender Forschungsarbeiten abgeleitet worden, sondern entstammen grundsätzlicher Werthaltungen der Studienverfasser. Auch die übrigen Empfehlungen in Meta I sind nicht spezifisch auf die interpretierten

Studien bezogen. Hier liegt das eigentliche Defizit der Meta I-Studie, das sich dann in Meta II fortsetzt. Denn es war bei Meta II nicht konkret möglich, im Einzelfall auf in Meta I aufgelistete positive oder negative Erfahrungen in jeweiligen früheren Studien hinzuweisen, da Meta I nur globale Aussagen enthielt. Dies hat auch die Vernetzung von Meta I zu Meta II unnötig erschwert.

3.2 Meta II

Meta II baut sowohl im Mikro- als auch im Makrobereich zum Teil auf Datensammlungen auf, die weder bei Meta I erwähnt sind, noch im Rahmen von Meta II erfaßt worden sind.

- Ifs hat eine DFG-Studie mit einem sehr knappen Befragungsumfang bei über 3000 Industriebetrieben eingebracht,
- Infratest hat das Comtec-Panel mit etwa 4500 Arbeitsstätteninterviews pro Jahr eingebracht,
- DIW hat die Ergebnisse der Studie Mikroelektronik und Mitarbeiterqualifikation eingebracht, eine BMFT-Studie, die kurz zuvor fertig wurde, in der etwa 1500 Unternehmen interviewt worden waren (Behringer/Braschke 1986),
- Ifo hat seine Untersuchungen zu Innovation, Investition und Konjunktur eingebracht, die Befragungen bei etwa 5000 Betrieben umfassen.

Meta II baut also auf einer breiten empirischen Basis auf, die nicht im Rahmen von Meta II entstanden ist. Die Institute haben also eigenes, zuvor für andere Auftraggeber erfaßtes Know-how als „Morgengabe" eingebracht. Dies hatte zunächst erhebliche Vorteile, da dadurch die empirische Basis von Meta II wesentlich breiter gewesen ist, als sie sonst hätte werden können, auch konnte auf vorhandene Auswertungserfahrung zurückgegriffen werden. Dies hat aber auch den Nachteil, daß hier die Empirie durch Studien vorgeprägt war, die ein anderes Ziel hatten als den Mikro-Makro-Verbund, wie er in der Meta-Studie dominant sein sollte. Die Daten wurden im Hinblick auf andere Forschungsziele seinerzeit erfaßt und sind jetzt in der Meta-Studie noch einmal in eine andere Richtung „gebürstet" worden. In diesem Zusammenhang drängt sich der Eindruck auf, daß die teilweise unvollständige Interpretation der dann in Meta II erfaßten Daten innerhalb der Endberichte der Meta-Studien möglicherweise die Option für eine spätere, gründlichere Auswertung in einer Folgestudie offenhalten soll.

Die Empirie bei Meta II ist durchaus begrenzt. Ifs hat lediglich 280 Betriebe befragt. Infratest hat 859 Betriebe schriftlich befragt und 38 Fallstudien durchgeführt und 312 betriebliche Intensivinterviews durchgeführt.

Kurz gefaßt hat die Meta II-Studie die folgenden Ergebnisse erbracht:

Bei den quantitativen Beschäftigungseffekten gibt es beispielsweise vom DIW die folgende Aussage: „Die Einführung von Prozeßtechnologien geht in den einzelnen Branchen mit unterschiedlicher Veränderung der Belegschaftsstärke einher, ohne daß ein klares Muster erkennbar ist." (DIW 1988, Band 1, S. 12) Auf der Mikroebene ist also die Beschäftigungsrichtung so eindeutig nicht erkennbar, allerdings muß berücksichtigt werden, daß dies Ergebnis einer Qualifikationsstudie ist, die nicht auf die quantitativen Beschäftigungsveränderungen hin abgestimmt war.

Ifs geht auch auf die quantitativen Effekte ein, unterscheidet dann Technikadoptoren und Nichtadoptoren, kommt dann zu einer arbeitswirksamen Nettobewegung von Null bei 60 bis 70% der Technikadoptoren, d.h. der größte Anteil derer, bei denen technische Veränderungen erfolgen, tun dies beschäftigungsneutral, quantitativ betrachtet. Der Anteil der Technikadoptoren, die Nettozugänge verzeichnen, ist im allgemeinen doppelt so hoch wie der Anteil der Technikadoptoren, die Nettoabgänge verzeichnen. Daraus ergibt sich ein leichter positiver Beschäftigungseffekt bei den Technikadoptoren.

Infratest gibt an: „Quantitative Beschäftigungseffekte können bislang nur selten festgestellt werden, zu unterschiedlich sind dafür Anwendungsschwerpunkte und die Integration der I- und K-Techniken in den Bereichsablauf, oder es werden Rationalisierungspotentiale nicht ausgeschöpft" (Infratest 1988, S. 324).

Im Mikrobereich ist also die Meta-Studie außerordentlich vorsichtig, wenn es um die Ausweisung quantitativer Beschäftigungseffekte geht. Am konkretesten ist in diesem Zusammenhang die Studie von Ifo, wo gezeigt wird, daß die Beschäftigungsentwicklungen bei den Innovatoren günstiger ist als bei den Nichtinnovatoren, doch auch Ifo ist sehr zurückhaltend: „Zusammenfassend ist festzuhalten, daß die Analyse der Ergebnisse ergeben hat, daß Innovation nicht gleich Innovation ist, sondern unterschiedliche Wachstumseffekte in Abhängigkeit von Art, Timing und Kontinuität der Innovationsaktivitäten bestehen." (Ifo 1988, S. 78).

Diese Aussagen, wie sie hier zitiert worden sind, sind im Sinne der Meta-Fragestellung nicht komprimiert, sondern beziehen sich im wesentlichen auf die Ergebnisse der Mikroanalyse. Die Meta-Ebene, in der dann der Mikro-Makro-Vergleich realisiert werden muß, ist mit diesen Aussagen noch nicht erreicht. Dies ist auch im zusammenfassenden Bericht des Koordinationsteams (Matzner u.a.) nicht erfolgt.

Auch bei den qualitativen Arbeitsplatzeffekten zeigen sich nur sehr unscharf die Zusammenhänge zwischen der Adoption neuer Technik und der Qualifikationsveränderung, die ja nur ein Element qualitativer Beschäftigungseffekte ist. Aber auch in diesem Bereich sind die Aussagen von besonderer Vorsicht, weil offenbar die empirische Basis für derartige Pauschalaussagen nicht ausreichend ist. Es ist zwar indirekt immer wieder erkennbar, daß neue Technik mehr bzw. höhere Qualifikationen erfordert, doch ist ein konkreter Nachweis dieser Zusammenhänge nicht gelungen. Es ist nicht klar erkennbar, ob die tatsächlich meßbare Höherqualifizierung nun Folge des Technikeinsatzes ist, oder ob dies durch den globalen Trend zur Höherqualifizierung bewirkt wurde, und neue Technik und bessere Qualifikationen eher zufällig zusammengetroffen sind. Aber gerade diese Fragestellung, was Auslöser und was Folge war, wäre eine der wesentlichen Erkenntnisziele der Meta-Studie gewesen.

Der Makro-Bereich der Meta-Studie basiert vorwiegend auf den Ergebnissen der Beschäftigtenstatistik. Hierdurch unterscheidet sich die Meta-Studie auch qualitativ von ihren Vorgängerstudien, die eine derart umfassende und solide Datenbasis nicht zur Verfügung hatten (insbesondere im Vergleich zu den Kabinettstudien). Leider wurden die Daten der Beschäftigtenstatistik durch einige organisatorische Schwierigkeiten den einzelnen Teams der Meta-Studie sehr spät zur Verfügung gestellt, so daß erhebliche Projektteile ohne diese Daten durchgeführt werden mußten.

Insbesondere konnte durch die Nutzung der Beschäftigtenstatistik auch auf die Betriebsebene zurückgegangen werden, was in anderen Makro-Studien bis dahin nicht möglich gewesen ist. Gerade die Differenzierung der unterschiedlichen Betriebstypen nach Survivor-Betrieben, gelöschten Betrieben und neu errichteten Betrieben war auch für die globale Fragestellung Mikro-Makro bzw. Technik und Beschäftigung außerordentlich hilfreich. Allerdings sind derartige Arbeiten zuvor und parallel auch im IAB durchgeführt worden (siehe dazu Cramer 1986 und 1987 und Rudolph 1986), so daß die Meta-Studie hier keine neuen Methoden realisieren konnte.

Die Integration von Mikro und Makro – also die Bearbeitung der mittleren Ebene – erfordert natürlich eine Klassifizierung und Messung von Technik, weiterhin müssen sich die verschiedenen Fachdisziplinen auf eine theoretische Basis und auf einen handhabbaren Methodenmix einigen. Zusätzlich hätten sich die beteiligten Institute auch auf eine Darstellungsform einigen müssen, auf ein Raster, durch das es möglich wird, die einzelnen Teilergebnisse zusammenzufügen und zusammenzufassen. Dies konnte nur zum Teil geleistet werden. Die Zusammenfassung der Einzelaussagen ist deswegen außerordentlich schwierig.

Trotzdem ist erkennbar, daß die Ergebnisse relativ homogen sind und daß viele Aussagen übereinstimmen. Dies kann Ergebnis der Abstimmung sein, aber auch das Ergebnis einer homogenen Bewertung vorhandener Realitäten.

Beispielsweise geben DIW und ISG an, daß, soweit sich technischer Wandel isolieren und zurechnen läßt, die Freisetzungseffekte durch beschäftigungsschaffende Effekte in der Vergangenheit kompensiert worden sind, daß ein Innovationsverzicht allerdings zu einem Beschäftigungsrückgang führen würde. In diesem Zusammenhang gibt es die sehr schwer zu interpretierende Aussage vom DIW, daß die Innovationsstrategie eher eine Defensivstrategie sei, die kaum zusätzliche neue Beschäftigung schaffen könne, die aber größere Beschäftigungseinbrüche verhindern könne. Diese Aussage war auch innerhalb der verschiedenen Teams sehr umstritten. Im Unterschied dazu meint Ifo, daß es vor allem die innovativen Branchen seien, in denen mehr Beschäftigung beobachtet werden könne. Allerdings gibt auch Ifo zu, daß die Hochrechnungsmöglichkeiten der Beschäftigungseffekte von Innovationen außerordentlich begrenzt seien. Innovationsaktivitäten selbst würden eher kontinuierlich ablaufen ohne revolutionäre Sprünge, aber auch ohne Zwischenphasen ohne Innovationsaktivitäten. Bei der Innovation könne man also eine hohe Kontinuität unterstellen, es sei aber sehr problematisch, dies dann auf die Beschäftigungsänderung zu übertragen.

4. Technik und Innovation

In der Meta-Studie ist die Technikselektion recht einseitig erfolgt. Man hat sich auf sogenannte Schlüsseltechniken beschränkt und die Wahl der dominanten Schlüsseltechnik fiel mehrheitlich auf die Informationstechnik, mit ihren zwei Ausprägungen, Büro- und Kommunikationstechnik einerseits und der computergestützten Fertigungstechnik andererseits. Andere, möglicherweise ebenso wirksame Techniken, wurden nicht weiter untersucht, und zwar weder auf der Mikro- noch auf der Makroebene. Es sind zwar explizit Mikroelektronik, Industrieroboter, CNC-Werkzeugmaschinen, elektrotechnische Geräte, Erzeugnisse der Büromaschinen- und ADV-Industrie untersucht worden, aber alle diese Techniken stehen im unmittelbaren Umfeld der Informationstechnik. Andere Techniken, wie Werkstofftechnik beispielsweise, Prozeß- oder Verfahrenstechnik, neue Systemtechnik oder auch neue Organisationsformen, die ja auch im Kontext von neuer Technik wachsen und sich entwickeln, sind nicht behandelt worden. Damit tritt die Meta-Studie beispielsweise hinter die Prognos/IAB-Studie zurück, die auf ein wesentlich breiteres Technikspektrum aufbaut. Diese sehr enge Selektion der Technik stört den Schritt von Mikro zu Meta ganz erheblich. Wenn schon Innovationsaktivitäten flächendeckend aufgezeigt und nachgezeichnet werden sollen, ist eine umfassende Technikanalyse zwingend erforderlich. Nur so können sich solide Fundamente für die Mikro-Makro-Brücke ergeben. Die immer wieder akzeptierte Grundhaltung, Informationstechnik auf computerisierter Ebene sei die Schlüsseltechnik für alle derzeitigen Veränderungen, läßt sich zwar für grobe Einschätzungen durchaus halten, sie ist aber für eine derart differenzierte Studie, wie sie die Meta-Studie sein sollte, einfach nicht haltbar.

Das wohl tragfähigste Ergebnis der Meta-Studie scheint die Typologisierung von Innovatoren bzw. Technikanwendern zu sein. Ifo typologisiert nach direktem und indirektem Innovationsaufwand, ISG zeigt eine fünfstufige Typologie von breit angelegten Innovatoren, von frühen, späten Innovatoren, komprimiert zu dynamischen, zögerlichen und zurückhaltenden Innovatoren, bei DIW gibt es ebenfalls einzelne Innovationstypen, wobei der Innovationsbegriff in dieser Studie sehr breit angelegt ist. Hier gibt es Szenarien verstärkter Innovationsanstrengungen, die für Hochrechnungen zugrundegelegt werden. Allen diesen Ansätzen ist gemeinsam, daß hier nicht Technik gemessen wird, sondern die Innovationsart und die Innovationsintensität. Dieser Innovationsbegriff ist in der Meta-Studie viel anschaulicher und klarer herausgearbeitet worden, als dies in früheren Studien geschah. Dieser Innovationsbegriff läßt sich der Meta-Ebene zuordnen. Er kann Basis für weitere Untersuchungen nach Makro und nach Mikro werden, da er interdisziplinär Technik, Ökonomie und Soziologie verbindet.

5. Zusammenfassung

Die Meta-Studie hat deutlich gemacht, daß mit den vorhandenen Methoden und den mittlerweile vorliegenden Daten durchaus weitere Erkenntnisse im Forschungsfeld Technik und Beschäftigung erreichbar sind. Es zeigt sich aber, daß es sehr schwer ist, unter den vielen Informationen in den Berichten zu Meta II die relevanten herauszufinden. Aus diesem Grunde ist eine intensive Nacharbeit der Meta-Studie erforderlich. Bei der Bewertung der Ergebnisse sollten die Grenzen der Methoden und der Datenlage zum Zeitpunkt der Erstellung von Meta II berücksichtigt werden. Die Weiterarbeit an diesem Thema auf der Basis von Meta I und Meta II dürfte sich schon allein deshalb lohnen, weil hier eine Vielzahl verschiedenster Ansätze und ein weites Spektrum von Daten verarbeitet worden sind, die Basis für weitere Untersuchungen bieten können.

Literatur

Behringer, F.; Brasche, U.: Mikroelektronik und Mitarbeiterqualifikation. Berlin 1986.

Cramer, U.: Zur Stabilität von Beschäftigung. Erste Ergebnisse der IAB-Stichprobe aus der Beschäftigtenstatistik. MittAB 2/1986.

Cramer, U.: Klein- und Mittelbetriebe: Hoffnungsträger der Beschäftigungspolitik. MittAB 1/1987.

Kohler, H.; Reyher, L.: Arbeitszeit und Arbeitsvolumen in der Bundesrepublik Deutschland 1960–1986. Datenlye-Struktur-Entwicklung. BeitrAB 123, Nürnberg 1988.

Mertens, D.: Gedanken zur Ambivalenz der Expansion des tertiären Sektors. In: Dienstleistungen im Strukturwandel. Beihefte der Konjunkturpolitik Heft 35, Berlin 1988.

v. Rothkirch, C.; Weidig, I.: Die Zukunft der Arbeitslandschaft. BeitrAB 94.1 und 94.2 Nürnberg 1985.

Rudolph, H.: Die Fluktuation in sozialversicherungspflichtiger Beschäftigung. Erste Ergebnisse aus der Beschäftigungsstichprobe des IAB. MittAB 2/1986.

Ulrich, E.: Technik-Prognosen. MittAB 3/1980.

VI. Methoden und Ergebnisse der Meta-Studien

J. Welsch

1. Notwendigkeit und Bedeutung der Meta-Studie

Eine Bewertung der Leistungen und Schwächen der Meta-Studie kann nur dann adäquat erfolgen, wenn man die wissenschaftsbezogenen, ökonomischen und politischen Rahmenbedingungen berücksichtigt, unter denen dieses Forschungsprojekt gestartet wurde.

Die Meta-Studie wurde 1984/85 vom BMFT als ein Vorhaben ins Leben gerufen, welches den spürbar wachsenden Bedarf an Technikfolgenforschung in einem bedeutenden Handlungsfeld der staatlichen Politik aufgreifen sollte. Die Verbreitung der Informations- und Kommunikationstechnologien hatte sich seit Anfang der achtziger Jahre erheblich beschleunigt. Gleichzeitig forcierte die konservativ-liberale Regierung nach dem politischen Wechsel 1982/83 den technischen Wandel durch Verstärkung der Förderung dieser Schlüsseltechnologien. Vor dem Hintergrund der seit Anfang der 80er Jahre dramatisch zunehmenden Massenarbeitslosigkeit nahmen die öffentlichen Debatten über die Arbeitsmarktfolgen der modernen Technologien an Heftigkeit zu. Die Auffassungen vor allem über Chancen und Risiken der neuen IuK-Technologien trieben erkennbar auseinander. Hierdurch gerieten sowohl der technologiepolitische als auch der wirtschaftspolitische Kurs der Regierung unter wachsenden Legitimationsdruck. Die etablierten Wissenschaften konnten in dieser Situation kaum eine schlichtende Rolle erfüllen, da sie selbst aufgrund scheinbar unüberbrückbarer Positionen heillos zerstritten waren.

Nur vor diesem Hintergrund sind die verschiedenen Funktionen, auf die die Meta-Studie bezogen werden muß, herauszukristallisieren:

a) Sie unternimmt den Versuch, die anhaltende öffentliche Debatte über die Arbeitsmarktrisiken des technischen Wandels mit empirischen Befunden zu versachlichen.
b) Sie ergänzt die Informationsgrundlagen der staatlichen Politik im allgemeinen, der Forschungs- und Technologiepolitik im besonderen. Die verstärkte Förderung der von vielen Menschen als „Rationalisierungstechnologien" wahrgenommenen IuK-Technologien erhält nunmehr als Diagnoseinstrument die erforderliche Technikfolgenabschätzungs-Komponente.

c) Sie vermittelt den empirisch orientierten Wissenschaften einen neuen Impuls, ihre Forschungsanstrengungen im Problemfeld „Technik und Arbeitsmarkt" zu verstärken, um damit zu Verbesserungen des Erkenntnis- und Methodenstandes zu kommen. Hier ist vor allem das Problem zu lösen, die Kluft zwischen wenig verallgemeinerungsfähigen Einzelfallstudien und globalen gesamtwirtschaftlichen Analysen mit schwacher oder fehlender mikroanalytischer Fundierung zu schließen.

2. Zielvorgaben, Erwartungen und Verfahren des Auftraggebers

Nur vor dem Hintergrund der beträchtlichen Auffassungsunterschiede in Wissenschaft und Öffentlichkeit im Hinblick auf das Themenfeld ist auch das besondere Gewicht zu verstehen, welches der Auftraggeber gerade den Aspekten der Konsistenz und Integration von Ergebnissen und Methoden bei der Zielvorgabe zumißt.

Der BMFT erwartete im einzelnen

- Fortschritte bei der Handhabung und Weiterentwicklung von Methoden,
- eine Verbreiterung der empirischen Datenbasis,
- eine Integration unterschiedlicher Forschungsansätze und Forschungsfelder,
- eine Präsentation der Ergebnisse, die die verschiedenen Einzelbefunde in einen konsistenten Gesamtzusammenhang stellte, dabei der Komplexität des Forschungsfeldes gerecht wurde und damit eine konsistente Gesamtbeurteilung des Problemfeldes erlaubte.
- Nicht zuletzt sollten auf dieser Grundlage die Möglichkeiten eines Systems zeitnaher Berichterstattung über die Arbeitsmarktwirkungen des technischen Wandels aufgezeigt werden.

Die konkrete Auftragsformulierung durch den BMFT an die Institute folgte weitgehend den Empfehlungen einer Vorstudie (Meta I).

Es war dabei aufgrund des hohen Anspruchsniveaus sowie des beträchtlichen Umfangs des Forschungsvorhabens durchaus sinnvoll, mit einem Zwei-Phasen-Konzept zu arbeiten, d. h. der eigentlichen Hauptstudie eine Pilotstudie zur Sondierung des Forschungsterrains, d. h. Bestandsaufnahme und Bewertung des vorhandenen Erkenntnis- und Methodenstands, vorzuschalten.

Die für Meta II ausgesprochenen methodischen Empfehlungen entsprachen dem aktuellen Stand der empirischen Wirtschaftsforschung: Wahl einer „bottom-up"-Forschungsstrategie, intensive Branchenanalysen, iterative Abstimmung von Mikro- und Makro-Analysen vor allem unter Nutzung formalmathematischer Verfahren, Konzentration hierbei insbesondere auf die Verknüpfung der Input-Output-Analyse mit einem ökonometrischen Nachfragemodell, Erarbeitung eines laufenden Erhebungsinstrumentes im Hinblick auf die Verbreitung moderner Technologien.

Aufgrund der Breite des Forschungsfeldes erfolgte eine Vorstrukturierung durch die Vorgabe von vier gegeneinander abgegrenzten und in sich geschlossenen Aufgaben- und Untersuchungsfeldern (Modulen).

3. Konzeption der Auftragnehmer

Der Auftraggeber wurde in seinen an die Meta-Studie gerichteten Erwartungen ohne Zweifel bestärkt durch den Optimismus der beteiligten Wissenschaftler.

Die Auftragnehmer wollten dem ehrgeizigen Vorhaben durch folgende Forschungskonzeption gerecht werden:

- Grundelement sollte der Aufbau einer „umfassenden Beobachtungskette" von der betrieblichen bis hin zur gesamtwirtschaftlichen Ebene sein, „die an Reichweite, Standardisierungsgrad und Beobachtungsqualität alle anderen uns bekannten Studien zu dieser Frage deutlich übertrifft" (WZB, Zwischenberichtspapier v. Mai 1987).
- Demgegenüber wurde eine relativ schwach strukturierte theoretische Grundlage in Kauf genommen. Hierdurch blieb natürlich vorläufig ungewiß, „welche der empirisch erhobenen Variablen sich beim Versuch einer Gesamtbetrachtung als (un)wichtig herausstellen werden" (ebda). Im Hinblick auf die Gesamtkonzeption wurde damit zunächst auf ein „measurement without theory" gesetzt. Gleichzeitig wurde im Rahmen der modulbezogenen Einzelstudien mit unterschiedlichen theoretischen Grundmustern gearbeitet.

Es durfte kaum überraschen, daß der gewollte theoretische und methodische Pluralismus in hohem Maße Konsistenzprobleme erzeugte. Deshalb war zu erwarten, daß aufgrund dieser Heterogenität im forschungsstrategischen Ansatz die konsistente Integration der Einzelbefunde ein äußerst schwieriges Unterfangen werden würde.

Das Abstimmungsteam versuchte, diese Aufgabe durch Festlegung spezifischer Verfahrensweisen und Ausarbeitung eines inhaltsbezogenen Referenzsystems zu bewältigen. Hierzu zählten

- regelmäßige Arbeitstreffen mit intensiven Diskussionen
- persönliche problembezogene Kooperationen auf bilateraler Ebene
- systematischer Austausch von Zwischenberichten
- Erarbeitung eines „analytischen Funktionskreises", in den die einzelnen Projektelemente eingegliedert werden sollten.

Welche Fortschritte hat die Meta-Studie im Hinblick auf die analytische Erschließung des interessierenden Problemfeldes gebracht, wo liegen Defizite und bleiben nach Abschluß von Meta II Forschungslücken und Forschungsbedarfe?

4. „Erträge" der Meta-Studie

(1) Die Datengrundlagen konnten in vielen Einzelbereichen des Forschungsfeldes verbessert werden:

- problembezogene Auswertungen der Beschäftigtenstatistik der Bundesanstalt für Arbeit (HHI)
- Schätzung konsistenter Input-Output-Tabellen für 1980 bis 1986 (Ifo)
- Entwicklung von Innovations-Verflechtungsmatrizen für das Verarbeitende Gewerbe und die Gesamtwirtschaft (Ifo)
- Erstellung einer Technologiegeber-/Technologienehmer-Matrix für die Gesamtwirtschaft (DIW)
- Verknüpfung und Abstimmung der verschiedenen Datenbasen aus Erhebungen im Rahmen des Ifo-Innovationstests
- Entwicklung eines bis Anfang der 60er Jahre zurückreichenden Innovationsindikators für den Industriesektor (Ifo)
- Schaffung einer Datenbasis für die Analyse intersektoraler Innovationsverbundeffekte (Ifo)
- Erarbeitung einer längeren Zeitreihe von Berufe-Wirtschaftszweige-Matrizen für Input-Output-Analysezwecke, „die mit den sektoralen Erwerbstätigenzahlen der amtlichen volkswirtschaftlichen Gesamtrechnung voll abgestimmt ist und eine differenzierte sektorale Analyse der Berufsgruppen ermöglicht" (DIW/VDI-VDE-TZ)
- Verbreiterung der bislang unzureichenden empirischen Erfassung des Dienstleistungssektors durch zahlreiche Fallstudien-Ergebnisse in einzelnen Dienstleistungszweigen (Infratest)
- Erarbeitung von Branchen-Informationsblättern, die als erster Baustein eines umfassenden Branchenberichtssystems dienen sollen (ISG).

(2) Der Methodenfundus für die Durchdringung des Untersuchungsbereiches konnte konsolidiert und ausgebaut werden:

- dies machen bereits einige Elemente deutlich, die im Zusammenhang mit den eben skizzierten Verbesserungen der Datenbasen angesprochen worden sind. Darüber hinaus sind zu erwähnen:
- Das Instrument der Input-Output-Analyse wurde vor allem im Hinblick auf das untersuchte Problemfeld weiterentwickelt (DIW, Ifo). Dies gilt insbesondere für das für die Modellierung der „Mikro-Makro-Brücke" besonders bedeutsame dynamische Input-Output-Modell des DIW. Hier wurden Fortschritte von der Modellierung des technischen Wandels für eine Einzeltechnik (Industrieroboter) bis hin zur Erfassung der für die Untersuchung der Beschäftigungseffekte neuer Technologien besonders bedeutsamen indirekten Kompensationseffekte auf der Nachfrageseite gemacht.
- Die Verknüpfung unterschiedlicher Analyseinstrumente im Hinblick auf die Problemstellung wurde vorangetrieben: so vor allem im DIW, welches seine

Forschungsarbeiten auf die Input-Output-Analyse, ein sektorales, disaggregiertes ökonometrisches Modell (FIND) sowie auf ein gesamtwirtschaftliches ökonometrisches Modell (DIW-Langfristmodell) stützen konnte.

- Die für die wissenschaftliche Politikberatung besonders geeignete Szenario-Methode wurde auf der Grundlage des ökonometrischen Langfristmodells vom DIW zur Erschließung des Problemfeldes angewandt und entsprechend ausgebaut. Hierdurch konnten vor allem die unterschiedlichen Beschäftigungswirkungen verschiedener Innovationspfade sowie die Bedeutung ökonomischer Rahmenbedingungen für die Beschäftigungswirkungen der betrachteten Innovationsstrategien herausgearbeitet werden.

(3) Im Hinblick auf zahlreiche Fragestellungen der öffentlichen Debatte und des wissenschaftlichen Disputs konnten vorhandene Vermutungen bekräftigt oder (vorläufig) verworfen werden:

- so konnte die These, Produktivitätssteigerungen würden zumindest auf Wettbewerbsmärkten in Form von Preissenkungen weitergegeben, nicht bestätigt werden (DIW)
- die – hierzulande allerdings kaum anzutreffende – Auffassung, die Arbeitsmarktprobleme könnten durch Innovationsverzicht besser gelöst werden, wurde klar widerlegt. Eine solche Strategie wäre beschäftigungspolitisch eindeutig kontraproduktiv
- auch die gegenteilige These, schnellerer technologischer Wandel führe zu mehr Beschäftigung, findet keine Bestätigung. Unter Ausklammerung unrealistischer Prämissen hinsichtlich wesentlicher wirtschaftlicher Rahmenbedingungen, ist auch diese Strategie als beschäftigungspolitisch riskant anzusehen, sie bedarf deshalb der Einbettung in ein beschäftigungspolitisches Gesamtkonzept
- die Vermutung, daß technischer Wandel oder auch die Diffusion ausgewählter Einzeltechniken per Saldo zu Freisetzungseffekten auf dem Arbeitsmarkt führen, wurde in mehreren Einzelbefunden bestätigt (DIW: FIND, Referenz-Szenario)
- die Vermutungen, Widerstände von Seiten der Beschäftigten oder aber tarifvertragliche Schutzabkommen für die Beschäftigten würden den technischen Wandel hemmen, konnten nicht bestätigt werden (IfS, ISG). Eher das Gegenteil ist erkennbar: die empirischen Befunde sprechen dafür, daß Schutzabkommen sich positiv auf sektorale Innovationsprozesse auswirken (ISG)
- Gleichzeitig konnte nachgewiesen werden, daß in Branchen mit relativ starken Arbeitnehmervertretungen auch die Arbeitsplatzsicherheit der Beschäftigten vergleichsweise hoch ist (WZB)
- die „Hypothese von einer breiten Humankapitalausstattung als Katalysator des technisch-organisatorischen Neuerungsprozesses wird ... eindrucksvoll bestätigt ...“ (ISG)
- die eher triviale Vermutung, daß innovative Unternehmen und Branchen die Gewinner des Strukturwandels seien, wird für den Industriesektor nochmals

unterstrichen (Ifo, IfS). Gleichzeitig wurde ein negativer empirischer Zusammenhang zwischen Innovationsintensität und Arbeitslosigkeitszugangsrisiko von Arbeitnehmern auf Branchenebene festgestellt (WZB)
- die These, es gebe eine globale Qualifikationslücke in den „Zukunftsberufen" (Ingenieure, Chemiker etc.), fand keine Bestätigung (WZB).

(4) Teilweise wurden durch die Meta-Studie auch neue Erkenntnisse zutage gefördert:

- die Sektoren, in denen neues Wissen hervorgebracht und in denen dieses Wissen vorrangig verwendet wird, konnten genauer identifiziert werden. Dabei wurden die intersektoralen Transferbeziehungen im Hinblick auf technologisches Wissen erhellt (DIW, Ifo)
- die Quantifizierung des Umfangs des akkumulierten FuE-Kapitalstocks und seiner sektoralen Zusammensetzung (DIW)
- der Fluß neuen technologischen Wissens konnte bis in die makroökonomischen Endnachfrageaggregate hinein offengelegt werden (DIW, Ifo)
- die empirischen Kenntnisse über Diffusionsstand und Diffusionstempo vor allem der neuen Informationstechnologien wurden verbessert (DIW, IfS, Infratest)
- die Bedeutung institutioneller Faktoren, hier der industriellen Beziehungen, für den technologischen Wandel und seine Arbeitsmarkteffekte wurde empirisch herausgearbeitet (ISG).

(5) Nicht zuletzt wurden die Voraussetzungen für eine laufende Berichterstattung zum Problemfeld geprüft:

Hierbei kommt das WZB zu dem Ergebnis, daß der Aufbau einer zeitnahen Berichterstattung über die Arbeitsmarkteffekte moderner Techniken durchaus möglich und sinnvoll ist. Für eine solche Berichterstattung wurde ein Raster erarbeitet, dessen Beobachtungsfelder exemplarisch ausgefüllt wurden.

5. Defizite und Schwachstellen

(1) Eine wesentliche Schwäche der Meta-Studie liegt ohne Zweifel darin, daß der hohe und anfänglich wohl von allen Beteiligten für realisierbar gehaltene *Anspruch einer konsistenten Integration aller erarbeiteten Einzelbefunde* nicht eingelöst wurde.

Hierfür waren nicht so sehr die methodische und theoretische Heterogenität der verschiedenen Forschungsansätze verantwortlich, ausschlaggebend war vielmehr das Fehlen eines konsistenten theoretischen Grundgerüstes als Basis des Gesamtforschungskonzeptes.

Die Wirtschaftswissenschaften verfügen durchaus über theoretische Systeme, die für ein solches Konzept zumindest als Arbeitsgrundlage hätten genutzt werden können. Auch wenn die vorhandenen Theoriegebäude im Wettbewerb zueinander stehen, wäre es notwendig und auch möglich gewesen, sich aus den verschiedenen Systemen ein zumindest plausibles Hypothesengerüst zu erarbeiten, welches für die empirischen Forschungsarbeiten als Orientierungsraster hätte dienen können. Dieses theoretische Grundgerüst hätte gleichzeitig einen wirksamen Integrationsrahmen für die Einzelbefunde abgeben können.

Daß die Meta-Studie ohne bzw. sogar unter bewußtem Verzicht auf die Bearbeitung und Schaffung dieser fundamentalen Voraussetzungen durchgeführt wurde, ist m. E. die Hauptursache für die heute bestehende Unzufriedenheit in diesem Zusammenhang. Diese Schwachstelle konnte im Nachhinein durch das Abstimmungsteam auch beim besten Willen nicht mehr „geheilt" werden.

(2) Es ist vor diesem Hintergrund bislang nicht gelungen, dem Auftraggeber ebenso wie dem Leser der Meta-Studie eine überzeugende, die Unübersichtlichkeit der Einzelbefunde überwindende *zusammenfassende Gesamtschau der Ergebnisse* zu präsentieren. Es fehlt vor allem eine vergleichende Analyse und Darstellung der verschiedenen Einzelergebnisse zu gleichen Fragestellungen oder Einzelphänomenen. Darüber hinaus vermißt der Leser eine Einschätzung des durch die Meta-Studie erreichten Methodenstandes, d. h. eine Bewertung der Leistungsfähigkeit und analytischen Ergiebigkeit der weiterentwickelten und angewandten Untersuchungsmethoden.

(3) In zahlreichen Studien wurde mit der *Methode der Typologisierung* gearbeitet, vor allem mit der Bildung von Betriebs- bzw. Unternehmens- sowie Branchentypen. Auf dieser Grundlage wurde dann verschiedentlich ein Zusammenhang hergestellt zwischen als innovativ eingestuften institutionellen Einheiten einerseits und den bei dieser Gruppe zu konstatierenden Beschäftigungsverläufen andererseits.

Meines Erachtens sagen diese Ansätze zum Zusammenhang von Innovation und Beschäftigung wenig aus. Zum einen vermögen sie keinesfalls die Gesamt-, d. h. die Nettobeschäftigungseffekte von Innovationen einzufangen, weil sie z. B. die Verdrängungseffekte bei konkurrierenden Unternehmen nicht berücksichtigen.

Zum anderen ist die Bildung von innovativen Betriebs- oder Unternehmensgruppen selbst nicht unproblematisch, z. B. wenn sie auf der jährlichen Erfassung von Innovations-Fällen aufbaut. Hierdurch läßt sich m. E. keine homogene und im Zeitablauf stabile Gruppe von Institutionen herauskristallisieren, der man das Merkmal „innovativ" zuschreiben kann. Dies scheint mir vor allem bei der Bildung von Gruppen „innovativer Betriebe" auf der Grundlage des Ifo-Innovationstests ein besonderes Problem zu sein.

(4) Unverständlich bleibt, warum die für die Untersuchung der Beschäftigungswirkungen des technischen Wandels zentrale *Verknüpfung der dynamischen Input-Output-Analyse mit einem ökonometrischen Nachfragemodell* nicht – zumindest nicht erkennbar – weiter vorangetrieben wurde.

Dieser Ansatz hätte in den Mittelpunkt des Gesamtforschungsvorhabens gestellt werden müssen: Es ist nicht nur der erfolgsträchtigste Ansatz zur Verwirklichung der „Mikro-Makro-Brücke“, er erlaubt zudem wie keine andere Methode die Modellierung und Quantifizierung der Freisetzungs- und vor allem der indirekten Kompensationseffekte des technischen Wandels, und zwar sowohl global als auch auf unterschiedlichen Aggregationsstufen. Zudem lassen sich komplementär zu diesem zentralen Ansatz andere analytisch-interpretierende Methoden anwenden.

Das DIW ist in seinen Arbeiten bislang gewiß am weitesten gekommen, sowohl im Hinblick auf die dynamische Input-Output-Analyse als auch die Modellierung der Nachfrageseite in ökonometrischen Modellen. Es wäre ein weiterer bedeutender Methodenfortschritt gewesen, wenn im Rahmen der Meta-Studie die Kombination beider Methoden versucht worden wäre. Auch eine Verknüpfung mit der Szenario-Methode hätte im DIW möglich sein müssen.

6. Zukünftige Aufgaben der Technikfolgenabschätzung

Mit der Meta-Studie wurde ein Anlauf genommen, einem für die staatliche Technologie- und Wirtschaftspolitik zentralen Informationsbedarf Rechnung zu tragen. Es gibt keinen Bereich der Wirtschaft, der in hochentwickelten Industriegesellschaften eine so gesellschafts- und zukunftsprägende Rolle spielt wie den permanent vorwärtsgetriebenen technologischen Wandel. Deshalb ist davon auszugehen, daß der *Bedarf an Wissen über Technikfolgen und Möglichkeiten der gesellschaftsverträglichen Technikgestaltung* gerade für die Träger politischer aber auch betriebswirtschaftlicher Entscheidungen in Zukunft weiter wachsen wird.

Es wäre deshalb fatal, diesen Anlauf z. B. aufgrund der Enttäuschung überzogener Erwartungen abzubrechen, fatal deshalb, weil der im Rahmen der Meta-Studie erworbene sachliche und methodische Wissensstand ohne Fortsetzung der auf das Problemfeld konzentrierten Anstrengungen rasch veralten und damit verlorengehen würde. Dies wäre nicht nur ein Verlust an gesellschaftlich bedeutsamem Know how, die bislang aufgewandten öffentlichen Gelder in Höhe von fast 5 Mio Mark müßten darüber hinaus als abgeschrieben und damit vergeudet angesehen werden.

Deshalb kann es nunmehr nur darum gehen, vor dem Hintergrund des mit der Meta-Studie erreichten Wissensstandes sorgfältig zu prüfen, wo Defizite und Bedarfe inhaltlicher und methodischer Art liegen und wie diesen Erfordernissen durch die Konzipierung zukünftiger Technikfolgenforschungen möglichst effizient Rechnung getragen werden kann.

In diesem Zusammenhang sehe ich folgende *Aufgaben*:

(1) Zusammenfassende, vergleichende Auswertungsanalysen:

Hier müßte es einmal darum gehen, die Einzelbefunde der Meta-Studie zu jeweils identischen Fragestellungen oder Einzelphänomenen zusammenzufassen und vergleichend zu analysieren.

Darüber hinaus ist eine Bewertung der erreichten Methodenfortschritte sowie des Leistungsvermögens der verschiedenen angewandten Methoden vorzunehmen. Hieraus wären dann gezielt bislang ungelöste Methodenprobleme abzuleiten und als Aufgaben für die weitere Methodenforschung zu formulieren.

(2) Konzentration auf die Methodenkombination von Input-Output-Analyse und ökonometrischem Nachfragemodell:

Hierbei steht sowohl die Integration beider Methoden zur Modellierung der „Mikro-Makro-Brücke“ als auch die Weiterentwicklung und Verfeinerung beider Einzelmethoden auf der Tagesordnung zukünftiger Forschung.

Als Stichworte seien genannt:

- Verbesserung der empirischen Fundierung der Koeffizienten der verschiedenen Matrizen, die das ökonomische System beschreiben, dabei Verarbeitung auch qualitativer mikroanalytischer Ergebnisse aus Fallstudien, Expertenbefragungen, Branchenanalysen etc.;
- Verbesserung der Modellierung technischer Veränderungen oder bedeutsamer Einzeltechniken; Verfeinerung der Disaggregation der Produktionsstruktur;
- Weiterentwicklung der theoretischen Fundierung der Nachfrageeffekte des technischen Wandels, d. h. der Auswirkungen auf die Auslands-, die Investitions- und die private Konsumnachfrage; hierbei muß es auch um die Schätzung empirischer Preis- und Einkommenselastizitäten der Konsumnachfrage gehen, was nicht zuletzt die Erarbeitung eines Einkommens- und Preismodells voraussetzt;
- Weiterentwicklung der Endogenisierung der makroökonomischen Nachfrageaggregate; die Erfassung der Arbeitsinput- und Beschäftigtenstruktur ist zu verfeinern (nach Qualifikationen, Geschlecht);
- Erarbeitung verschiedener zukunftsbezogener Szenarien, um den „Korridor“ bzw. die potentielle Breite technisch bedingter Arbeitsmarkteffekte abgreifen zu können.

(3) Einbeziehung weiterer Fragestellungen und Problemfelder des gesamten Themenkomplexes „Arbeitsmarktwirkungen moderner Technologien“, die bislang nicht oder in nicht angemessener Weise Berücksichtigung fanden:

Hierbei müßte es um die Einbeziehung der *Perspektive der von Rationalisierung und neuen Techniken betroffenen Arbeitnehmer* gehen.

In der Meta-Studie richten sich Befragungen ausschließlich an die Unternehmen. Hiermit lassen sich jedoch die Auswirkungen von Innovationen auf

Arbeitsplätze und auf die Arbeitsbedingungen der Menschen und damit wesentliche Aspekte der sozialen Folgen moderner Technologien nicht erfassen, da hierzu von der Betroffenenperspektive nicht abstrahiert werden darf. Um diesen Wirkungskomplex einzubeziehen, könnte an die umfangreichen Arbeiten des IAB und des BIBB angeknüpft werden.

Weitere Fragestellungen und Themen, die in zukünftigen Forschungsarbeiten stärker Berücksichtigung finden müßten, sind darüber hinaus u. a.

- die Frage des Zusammenhangs von Arbeitszeitpolitik und Beschäftigungswirkungen neuer Techniken,
- die Verbesserung der Einbeziehung außenwirtschaftlicher Aspekte des Themas, insbes. Berücksichtigung der für 1993 angestrebten EG-Binnenmarktintegration,
- auch die Arbeit an ungelösten Methodenproblemen, z. B.: wie lassen sich die Synergieeffekte der für die Zukunft weiter an Bedeutung gewinnender Unternehmensstrategien „systemischer Rationalisierung" auf den Arbeitsmarkt erfassen?

(4) Einbeziehung der regionalen Dimension der Entstehung und Diffusion moderner Technologien:

Die Bedeutung der Ungleichzeitigkeit des technischen Wandels in räumlicher Hinsicht bestimmt seit Anfang der 80er Jahre zunehmend die regionalpolitische Diskussion. Die inzwischen unübersehbare Vielfalt der Technologiefördermaßnahmen der Bundesländer, der Wildwuchs an kommunalen Technologieparks sowie die verschärfte Konkurrenz der Regionen um die Ansiedlung von High-Tech-Betrieben sind Ausdruck dieser Entwicklung. Deshalb ist es längst überfällig, die regionale Dimension der Entstehung und Anwendung neuen technischen Wissens ebenso wie die Auswirkungen der Verbreitung neuer Technologien auf regionale Arbeitsmärkte systematisch empirisch für das Bundesgebiet zu untersuchen.

(5) Einleitung des Aufbaus einer systematischen Technologie-Berichterstattung:

Es besteht eine unübersehbare Kluft zwischen der wachsenden gesellschaftlichen und wirtschaftlichen Bedeutung des technischen Wandels einerseits und dem geringen Stand an Information über dessen aktuelle Entwicklung andererseits. Hierunter leidet nicht nur die öffentliche Diskussion, auch die politische Entscheidungsfindung vor allem im Rahmen der Forschungs- und Technologiepolitik wird hierdurch ohne Zweifel beeinträchtigt.

Dieser unbefriedigende Zustand ist durch eine Verbesserung und Aktualisierung der relevanten Informationsgrundlagen zu überwinden. Hier besteht eindeutig ein Handlungsbedarf des BMFT. Deshalb ist die Entscheidung des Ministeriums, den Aufbau einer systematischen Technologieberichterstattung vorerst zurückzustellen, völlig unverständlich. Die erforderlichen konzeptionellen Vorarbeiten wurden im Rahmen der Meta-Studie geleistet. Nunmehr sollte es darum gehen, ein Konzept für die praktische Realisierung dieser sowohl für politische Entscheidungen als auch für die sachliche Fundierung der öffentlichen Diskussion bedeutsamen Berichterstattung zu erarbeiten und zu verwirklichen.

(6) Einbeziehung von Erfordernissen sozialer Technikgestaltung im Hinblick auf das Problemfeld „Technik und Arbeitsmarkt“:

Im Rahmen der Meta-Studie stand bislang die Frage nach den Wirkungen vorgegebener technologischer Entwicklungslinien im Mittelpunkt der Forschungsanstrengungen. Das Konzept der Technikfolgenforschung, wie es in den USA entwickelt wurde und praktiziert wird, umfaßt jedoch einen viel breiteren Ansatz, nämlich die Aufbereitung von politikrelevanten Informationen für Strategien der gesellschaftsverträglichen Technikgestaltung. Dieses Verständnis von Technology Assessment impliziert die *Suche nach Technikalternativen,* mit denen im Vergleich zu vorhandenen Technologien bestimmten gesellschaftlichen Zielvorstellungen besser Rechnung getragen werden kann. Hier könnte es z. B. um die Beantwortung folgender Fragen gehen:

- Wie können bzw. müssen neue technische Problemlösungen gestaltet werden, damit nicht die Einsparung von Arbeitskraft, sondern von Energie-, Abfall- und/oder Umweltpotentialen den Hauptnutzen neuer Techniken ausmachen. Oder aber:
- Wie müßten technische Konzepte aussehen, um den Bedürfnissen und Fähigkeiten bestimmter Beschäftigtengruppen Rechnung tragen zu können (z. B. der nicht oder nur wenig Qualifizierungsfähigen, von älteren Arbeitnehmern mit einem vorgegebenen, in einem langen Arbeitsleben erworbenen Know how). Oder aber:
- Welche technischen Lösungen bzw. Produktionsmethoden sind denkbar, um vermeintliche oder tatsächliche technisch bedingte Zwänge zu kontinuierlichen Produktionsprozessen abzubauen? Hiermit könnten die sozialen Konflikte um Wochenendarbeit z. B. in der Halbleiterproduktion entschärft oder sogar überflüssig gemacht werden.

VII. Unzulängliche Beschäftigungswirkungen moderner Technologien? Anmerkungen zu Ergebnissen und Methoden des DIW-Gutachtens im Rahmen des Meta-II-Projekts

W. Gruhler

1. Zu den Ergebnissen

Ihr Aussagegehalt erscheint nur partiell plausibel. Überwiegend irritieren die Ergebnisse und erscheinen widersprüchlich. Plausibel muten die Aussagen des „Szenarios unterlassener Innovationen" an, da es im Vergleich zum gesetzten „Referenzszenario" eine Minderbeschäftigung von 960 000 Erwerbstätigen bis zum Jahre 2000 ausweist. Umso unplausibler aber erscheint dann, daß, mit Ausnahme der oberen Variante, in allen übrigen „Innovationsszenarien" die Beschäftigung im Vergleich zum „Referenzszenario" rückläufig ist.

Bei prioritärer Bedeutung der Beschäftigungsentwicklung ergäbe sich danach die nachstehende, innovationspolitische Rangfolge:

1. Priorität: Innovation ist stark zu beschleunigen, da sie eine Erwerbstätigenzunahme gegenüber dem Status-quo-Modell um 260 000 Personen bewirkt.
2. Priorität: Das „Innovationstempo" ist nicht zu beschleunigen, sondern gemäß den Status quo-Bedingungen beizubehalten; denn ex definitione ergeben sich dabei keine negativen Beschäftigungswirkungen.
3. Priorität: Die Innovation ist mit mittlerer Intensität zu beschleunigen; denn dann kommt es „nur" zu einer Beschäftigungseinbuße von 360 000 Personen.
4. Priorität: Die Innovation ist nur moderat zu beschleunigen; dann aber sind bereits Beschäftigungseinbußen von 860 000 Personen zu erwarten.
5. Priorität: Unterlassung von Innovationen; denn dabei wird die Beschäftigungseinbuße 960 000 Personen betragen.

Eine beschäftigungsorientierte Innovationspolitik kann bei einer derartigen Prioritätenskala logischerweise nur zwischen der Alternative „starke Innovationsbeschleunigung" oder „Verzicht auf Innovationsbeschleunigung" entscheiden. Es irritiert somit erheblich, daß das „Szenario unterlassener Innovationen" gegenüber dem „Innovationsszenario, untere Variante" unter beschäftigungsrelevanten Aspekten bis zum Jahre 2000 nur unwesentlich höhere Beschäftigungsverluste zeitigt. Der Unterschied beträgt nämlich nur 100 000 Personen insgesamt; das sind jahresdurchschnittlich nicht mehr als 7700 Personen.

Will man daher die Einkommenseffekte nicht völlig vernachlässigen, und andererseits potentielle Innovationswiderstände berücksichtigen (wie sie z. B. im Falle der Innovationsvariante 3 impliziert sein können), so empfiehlt sich gemäß obiger Prioritätenskala, für das Referenzszenario, mithin für den Status-Quo-Entwicklungspfad, zu votieren. Ein derartiges Ergebnis kann weder befriedigen noch überzeugen.

2. Zur Methode

Die bezüglich der innovationsrelevanten Beschäftigungswirkungen nicht überzeugenden Ergebnisse können nur Ausfluß unzutreffender oder unvollständiger Annahmen sein. Diese Vermutung bestätigt auch Boyer (Impact, S. 14), wenn er ausführt: „Rückblickend beruhen die meisten Irrtümer bezüglich eines ‚technologischen Pessimismus‘ auf einer unvollständigen Analyse der mit Innovationen verbundenen Anpassungsprozesse.“ Zu ähnlicher Einschätzung gelangt auch Nadiri (Comments, S. 4f): „Sie (die DIW-Autoren, W. G.) dürften die expansiven Wirkungen der FuE-Investitionen auf das gesamtwirtschaftliche Wachstum und die Beschäftigung unterschätzt haben. Ohne diese Unterschätzung würden nämlich kaum gegenteilige Beschäftigungseffekte auftreten.“

In der Tat beruhen die unterschiedlichen Beschäftigungsergebnisse auf dem höheren Freisetzungseffekt in den Innovationsszenarien aufgrund der erhöhten Arbeitsproduktivität einerseits und jeweils unterschiedlich angenommenen Kompensationseffekten andererseits. Letztere gründen sich offensichtlich auf die Annahme eines im Vergleich zum Referenzszenario weniger stark ansteigenden Kapitalkoeffizienten (DIW, S. 311) bei unterschiedlichen Graden kapitalgebundenen technischen Fortschritts. Beide Effekte, hinsichtlich deren tatsächlicher Eintrittswahrscheinlichkeit man erhebliche Zweifel äußern kann, müssen gesamtwirtschaftlich zu unzulänglichen kompensatorischen Beschäftigungseffekten führen.

Die durch die DIW-Autoren gesetzten Annahmen über die Möglichkeit investitionsungebundenen technischen Fortschritts stützen sich offensichtlich vornehmlich auf Ifo-Befragungsergebnisse für das Verarbeitende Gewerbe. Demgemäß wird schlußgefolgert: „Aufgrund der Befragungsergebnisse des Ifo-Investitionstest konstatiert Gerstenberger, daß die Entwicklung der Nettoausrüstungsinvestitionen im Verarbeitenden Gewerbe nicht dafür spricht, daß der Einsatz neuer Techniken die Investitionstätigkeit belebt; auch in der ersten Hälfte der 80er Jahre, in der ein kräftiger Anstieg des Anteils der Firmen verzeichnet wurde, die als Investitionsziel die Einführung neuer Produktions- und Verfahrenstechniken nannten, blieben die Nettoinvestitionen in realer Rechnung deutlich hinter dem Niveau zu Anfang der 70er Jahre zurück“ (DIW, S. 260).

Die prognostische Validität jener verwendeten Stützperiode gibt freilich zu Zweifeln Anlaß. Die erste Hälfte der 80er Jahre war nämlich noch stark von ungünstigen wirtschaftlichen Rahmenbedingungen, z. B. inflatorischen Entwicklungen, Überkapazitäten und unzulänglichen Ertragsverhältnissen der Unternehmen, geprägt, welche die Investitionsbereitschaft generell ungünstig beeinflußten. Daher muß es zu unzulänglichen Ergebnissen führen, wenn ein Szenario unterstellt wird, in dem sich wegen ungünstiger allgemeiner investiver Rahmenbedingungen nur und einseitig „kapitalungebundener" technischer Fortschritt durchsetzt. Bei der Beschränkung auf jene untypische Stützperiode „erste Hälfte der 80er Jahre" kann insofern nur ein für die Entwicklung des Kapitalstocks ungünstiger Bias die Folge sein – mit allen aus dem gewählten Modellansatz sich ergebenden unzulänglichen Kompensationsresultaten. Bei normalen investiven Rahmenbedingungen spricht aber alles für die Embodiment-Hypothese des technischen Fortschritts. Dies ließe auch die Kompensationsrechnungen für die Beschäftigung günstiger ausfallen.

Kompensatorische Defizite sind auch hinsichtlich der Vernachlässigung des produktivitätsbedingten Rückgangs der relativen Preise und/oder einer entsprechenden Erhöhung der Reallöhne und Gewinne und ihrer kompensatorischen Auswirkungen zu vermuten (vgl. Boyer, S. 5f. und 15). Eine Unterschätzung der expansiven Effekte von Produktinnovationen scheint ebenfalls Pate gestanden zu haben. „Möglicherweise beruht die pessimistische Aussage (der DIW-Studie, W. G.) auf der ungenügenden Berücksichtigung der Produktinnovation" (Boyer, Impact, S. 17).

Nadiri (Comments, S. 5f.) macht ferner darauf aufmerksam, daß die FuE-Investitionen im DIW-Modell als exogener Faktor behandelt werden. Ihre plausiblere endogene Implementierung führe aber zwangsläufig zu günstigeren Beschäftigungswirkungen.

Eine weitere Ausgrenzung von Kompensationseffekten ergibt sich im „Innovationsszenario der oberen Variante" wegen der Annahme eines extrem restriktiven staatlichen Ausgabeverhaltens. Die Autoren weisen zwar selbst darauf hin (vgl. DIW, S. 320), daß jene Annahme in Frage gestellt werden könne, ziehen daraus aber keine ergebnisrelevanten Schlußfolgerungen. Realpolitisch ist indessen wenig plausibel, für das Jahr 2000 von 8 Mrd. DM an staatlichen Finanzierungsüberschüssen auszugehen. Gegenüber dem Referenzszenario entspräche dies einem kontraktiv wirkenden Swing von knapp 66 Mrd. DM – eine sehr unrealistische Annahme. Entgegen derartiger Überschüsse ist allenfalls mit einer Verringerung der Finanzierungsdefizite zu rechnen. Damit aber sind beträchtliche quantitative Nachfragepotentiale und kompensatorische Wirkungen im öffentlichen wie im privaten Sektor (via Steuersenkungen) von vornherein ausgeklammert worden.

3. Fazit

Die Innovationsstrategie wird als „wirtschaftspolitische Defensivstrategie" bezeichnet (vgl. DIW, S. 29), was schon sprachlich paradox anmutet. Bei einer solchen Bewertung der Innovation verwundert nicht, daß die Implementierung neuer Technologien im Ergebnis zu bescheidenen, sprich: zumeist negativen beschäftigungsrelevanten Ergebnissen führt.

Realistische Bedingungen aber lassen derartige Perspektiven unplausibel erscheinen. Auch sind sie nicht dazu angetan, in der Öffentlichkeit Akzeptanz für verstärkte Innovationsanstrengungen zu erzeugen. Schließlich wäre danach nur im günstigsten Fall bei verstärkten Innovationen mit geringfügiger Mehrbeschäftigung zu rechnen. Videant consules ...

Literatur

Boyer, R. (Impact): Assessing the Impact of or on Employment: Puzzle or Consensus? A Comment upon: Sectoral and Macroeconomic Impacts of Research and Development on Employment, by Jürgen Blazejczak, Georg Erber und Gustav A. Horn, Paper prepared for the International Conference on "New Technology: Its Impact on Labour Markets and the Employment System", Berlin 5.–7. December 1988, hektografiertes Manuskript;

DIW (Beschäftigungswirkungen): Sektorale und gesamtwirtschaftliche Beschäftigungswirkungen moderner Technologien – Gutachten im Rahmen der Meta-Studie II; Arbeitsmarktwirkungen moderner Technologien, Bd. 1, Berlin 1988;

Nadiri, M. I. (Comments): Comments on "Sectoral and Macroeconomic Impacts of Research and Development on Employment" by Jürgen Blazejczak, Georg Erber und Gustav A. Horn, hektografiertes Manuskript vom 20. 11. 1988.

VIII. Die Meta-Studien – Erfordernisse und Defizite: Zusammenfassung der Diskussion

W. Dostal

Im Zusammenhang mit den drei Stellungnahmen zur Meta-Studie wurde zunächst die Frage aufgeworfen, welchen Erkenntnisfortschritt die Meta-Studie im Vergleich zu ihren Vorgängern gebracht habe. Als Vorgänger wurden die vor ca. 20 Jahren erstellte RKW-Studie (A 33) und die vor ca. 10 Jahren erstellten Kabinettstudien angesehen. Bereits bei dieser Vorfrage waren die Meinungen geteilt. So sind viele der in der Meta-Studie ausgewiesenen Ergebnisse bereits in den Kabinettstudien zu finden, in denen auch methodisch weit kreativer gearbeitet worden sei. Allerdings wurde die Meta-Studie als wesentlich differenzierterer Versuch angesehen, die Forschungsfragen anzugehen.

Die Diskussion konzentrierte sich dann schnell auf die Frage, welche Rolle Meta I für die Arbeiten bei Meta II gespielt habe. Die eine Extremaussage ging dahin, Meta II sei weit hinter Meta I und damit hinter den Vorgängerstudien zurückgeblieben. Dieser Aussage wurde aber sogleich massiv widersprochen. So gut war Meta I nicht. Vielleicht ist die hohe Akzeptanz von Meta I auf ihre übersichtliche Darstellung zurückzuführen, die es für Meta II noch nicht gibt und die in dem zusammenfassenden Bericht des Abstimmungsteams nicht geleistet werden konnte. Es scheint also eine Frage der Rezeptionsmöglichkeiten zu sein, ob Forschungsarbeiten für tragfähig und als „Fortschritt" angesehen werden.

Zur weiteren Klärung dieser zentralen Frage wurden zunächst inhaltliche und methodische Stellungnahmen getrennt.

Bezüglich der Methoden konzentrierte sich die Kritik auf die massive Vorprägung, die durch die zentralen Vorgaben von Meta I erfolgte. Der Bau der „Mikro-Makro-Brücke" mit Hilfe der Input/Output-Rechnung in Kombination mit einem ökonometrischen Nachfragemodell ließ sich in Meta II nicht realisieren. Die beteiligten Institute haben zwar massiv versucht, mit diesen Methoden die Brücke zu bauen, doch sie sind daran gescheitert. Dies vor allem, weil die Dynamisierung der Input/Output-Rechnung nicht gelungen ist, und weil das empirische Datenmaterial, das dazu nötig wäre, nicht zur Verfügung gestellt werden konnte.

In diesem Zusammenhang hat die Abstützung auf die Vorarbeiten von Leontief/Duchin eher geschadet, da dies die Methodenkreativität der Teams eingeengt hat und auch für den Methodenverbund keine geeignete Grundlage sein konnte. Allerdings wird dieser Weg über die Input/Output-Rechnung zusammen mit einem ökonometrischen Nachfragemodell weiterhin als einzige Möglichkeit gesehen, diese Fragestellung adäquat anzugehen. Die Kritik an Meta II liegt höchstens darin, daß nicht erkennbar probiert wurde, die Methoden bzw. den Methodenverbund weiter auszugestalten und methodisch neue Wege zu gehen.

Bezüglich der Aussagen von Meta II wurde zunächst diskutiert, ob trotz eines fehlenden theoretischen Verbundes ein Aussagegewinn denkbar wäre, oder ob nicht lediglich ad-hoc Anworten auf ad-hoc Fragen erzielbar gewesen seien. Trotzdem hat sich gezeigt, daß die Aussagen von Meta I und Meta II zwar überwiegend gleichgerichtet scheinen, daß aber wesentliche Unterschiede in der Differenziertheit und in der Nachweisintensität zu finden seien. Wesentliche Aussage von Meta II ist es, daß der technische Wandel die Beschäftigung insgesamt nicht gefährdet. Daß es sektorale und gruppenspezifische Gefährdungen gebe, sei schon lange bekannt und wurde auch nie bestritten. Auch die Aussage, daß Innovationsverzicht eine ungeeignete Methode für Beschäftigungssicherung sei, ist mittlerweile allgemein anerkannt.

Allerdings erklären die Ergebnisse von Meta II weniger die Beschäftigungsfolgen technischen Wandels als das Verständnis für die Determinanten der Innovations- und Diffusionsprozesse.

Die methodischen und inhaltlichen Probleme haben offenbar deutlich gezeigt, daß die Beschäftigungsfolgen technischen Wandels vor allem empirisch geklärt werden müssen und nicht theoretisch abgeleitet werden können. Dies ist bei Meta II immer wieder gezeigt worden. Durch die umfangreiche Empirie und die Versuche, zu einem Methodenverbund zu kommen, sind die Probleme viel deutlicher geworden und konnten viel präziser fixiert werden.

Zum Zusammenhang von Meta I und Meta II wurde weiterhin gezeigt, daß die methodischen und inhaltlichen Vorgaben, die in Meta I enthalten waren, in der Forschungspraxis doch nicht allzusehr auf Meta II gewirkt hätten, da sich die Institute weniger auf die jeweils spezifische Aufgabenstellung, sondern mehr auf ihre eigene Forschungsmethodik und -geschichte abgestützt hätten. Die Handschrift der jeweiligen Forscher bzw. Institute ist in den Berichten deutlich zu erkennen. Die Vorgaben hätten zwar die Richtung der Arbeiten und die großen Linien bestimmt, die Details sind aber nach üblichem Strickmuster abgelaufen.

Ein weiteres Diskussionsfeld ergab sich durch den Methoden- und Ergebnisvergleich der Meta-Studie mit der Strukturberichterstattung. Die Berücksichtigung von Innovationsvorgängen erfolgt in der Meta-Studie auf der Basis von Technikvariablen, die aus dem Erfahrungsschatz der Mikrostudien abgeleitet sind und die die Produktivität exogen in das gesamtwirtschaftliche Modell einbringen. Bei der Strukturberichterstattung ist die sektorale Nachfragefunktion im wesentlichen über den Innovationsgehalt von Investitionen gemessen worden, womit dann Produkte und nicht der Forschungsaufwand gemessen werden. Die Ergebnisse von Meta-Studie und Strukturberichterstattung laufen dennoch parallel. Zentral für die Strukturberichterstattung ist die Aussage, daß Innovationen die Produktivität erhöhen, und daß dabei verlorengegangenes Arbeitsvolumen aber nicht vollständig kompensiert werden kann. Dieses Ergebnis beruht offensichtlich auf einer einseitigen Betrachtung von Rationalisierungsinvestitionen, während Erweiterungsinvestitionen nicht genügend berücksichtigt worden sind.

Prinzipiell wurde die Bedeutung des technischen Wandels für die Beschäftigungsentwicklung als gravierend eingeschätzt. Es zeigt sich aufgrund der Mikro-Makro-Verknüpfung recht deutlich, daß auch Faktoren oder Tendenzen, die zunächst nicht mit dem technischen Wandel in Beziehung gebracht werden, durchaus massiv von ihm beeinflußt werden können. Dies gilt beispielsweise für Wettbewerbseffekte, die auch im internationalen Kontext eng mit technisch bedingten Innovationen begründet werden oder für Realeinkommenseffekte, die ebenfalls über die Wirkungskette Neue Technik – Produktivitätserhöhung – steigende Realeinkommen nachgewiesen werden können. Bei Prozeßinnovationen ist die Elastizität allerdings kleiner Eins und erlaubt deshalb keine vollständige Kompensation, bei zusätzlichen Produktinnovationen gelingt hin und wieder eine Überkompensation.

Dies führte zu einer Diskussion, inwieweit Produkt- und Prozeßinnovationen voneinander isoliert werden können. Eine zu enge Kopplung dieser Differenzierung an Einzeltechniken, wie beispielsweise Mikroelektronik, Roboter oder NC-Maschinen wurde als irreführend angesehen, da damit einseitig nur Rationalisierungsinnovationen betrachtet würden. Werden auch die Produktinnovationen berücksichtigt, und wird der Betrachtungshorizont auch auf jene Länder ausgedehnt, die als Industrie- oder Schwellenländer vor allem neue Produkte auf den Weltmarkt bringen, dann dürfte sich die Beschäftigungsbilanz erheblich verschieben.

Die Kausalität von Beschäftigungsveränderungen in bezug auf technischen Wandel bleibt weiterhin umstritten. Wie bereits bei der Mikroelektronikdiskussion und bei beschäftigungsbezogenen Forschungsarbeiten muß dann die Frage nach den quantitativen Effekten offen bleiben, auch wenn die Zusammenhänge im Detail deutlicher geworden sind. Da die quantitativen Fragen also nicht lösbar sind, werden dann die qualitativen Effekte thematisiert. Die immer wieder nachgezeichneten Zusammenhänge zwischen geringem Qualifikationsstand und höherem Arbeitslosigkeitsrisiko, wie sie auch in der Meta-Studie gezeigt wurden, führen allgemein dazu, einen erhöhten Qualifikationsbedarf als Folge neuer Technik zu konstatieren.

Hier sollte man allerdings sehr vorsichtig sein. Die Meta-Studie hat keine eindeutigen Zusammenhänge zwischen Qualifikationssteigerung und einer Zunahme der Innovationsintensität nachweisen können, weder in ihren empirischen Untersuchungen auf der Mikroebene, noch in den theoretisch bestimmten

Auswertungen der vorliegenden Daten. Es ist deshalb durchaus zu unterstellen, daß sich Innovation und Qualifikation zwar parallel, aber ohne gegenseitige kausale Beeinflussung entwickeln. Die globale, nachgewiesene Qualifikationsverbesserung ist dann nicht Ergebnis technischer Veränderungen, sondern Effekt und Folge bildungspolitischer Entscheidungen. Diese Vermutung wird noch dadurch erhärtet, daß die Festschreibung spezifischer Qualifikationsanforderungen im Umfeld von innovativer Technik selten gelingt. Die Aussage aus Meta I, daß Innovationen und der Fluß des technischen Fortschritts durch mangelnde Qualifikation behindert worden sei, konnte in Meta II nicht belegt werden. Es gibt zwar einzelne Aussagen vor allem in den Mikrostudien, wo höhere Qualifikationen als Folge von Innovationen ermittelt werden, dies ist aber kein durchgängiger Befund.

Hier scheint eine Schwäche der Meta-Studie zu liegen: Sie hat das Thema Qualifikation nicht tief genug ausgelotet, viele Fragen in diesem Zusammenhang wurden nur angerissen und wenig ausgefüllt, was von den Verfassern auch immer wieder zugegeben wird.

Die These von der Entfachlichung, vom Abbau inhaltlicher Berufselemente durch Informationstechnik, wie sie bei Infratest aufscheint, wird in der Diskussion nicht akzeptiert. Aktuell aufscheinende Qualifikationsdefizite im Dienstleistungsbereich in bezug auf instrumentelle Fertigkeiten zur Benutzung moderner Informationstechnik scheinen nur auf eine Übergangszeit zuzutreffen. Sobald sich diese Fertigkeiten als Grund- und Allgemeinqualifikationen durchgesetzt haben, würden sie wieder aus dem Spektrum der Berufsinhalte herausfallen. Sie verlören dann ihre Bedeutung auf dem Arbeitsmarkt.

Im Kontrast dazu würden fachliche Qualifikationen eher wieder wichtiger werden, da sich durch die instrumentellen Hilfen und durch eine steigende Arbeitsteiligkeit die Lücken in den Fachqualifikationen noch schneller herausstellen als bei konventionellen personenorientierten Arbeitsstrukturen.

Eine konsequente Bewertung der langfristigen und indirekten Folgen neuer Techniken, insbesondere auch auf Arbeitsteiligkeit und die Allokation von Qualifikation, ist wegen der vergleichsweise kurzen Laufzeit und wegen eines dafür nicht vorgesehenen Ansatzes in der Meta-Studie nicht möglich gewesen. Qualitative Fragen sind aber für Arbeitsmarkt und Beschäftigung zentral, so daß sie immer wieder behandelt werden mußten. Eine saubere Trennung der quantitativen und qualitativen Arbeitsmarktveränderungen und eine eindeutige Zurechnung zu Innovationen konnte auch die Meta-Studie nicht realisieren.

C. Angewandte Methoden – Restriktionen und Aussagewert

IX. Kompensation, Lohnflexibilität und Arbeitsmarktpolitik

N. Blattner

1. Einleitung

Im Zentrum der theoretischen Auseinandersetzungen um die arbeitsmarktlichen Folgen des technischen Fortschritts steht seit den Klassikern die Hypothese der Kompensation. Sie besagt, daß der technische Fortschritt nicht nur die Produktionskraft einer Volkswirtschaft, sondern auch die Kaufkraft der Haushalte steigert, so daß Freisetzungen nicht auftreten. Die Gültigkeit dieser Hypothese wurde in jüngster Vergangenheit immer wieder kritisch beleuchtet (Blattner 1979, 1981, 1986, Mettelsiefen, Barens 1987, Kalmbach u. a. 1989). Die Diskussion darf insgesamt als fruchtbar betrachtet werden, hat sie doch dazu geführt, daß heute Ansprüche an die Untersuchungen gestellt werden, welche Einseitigkeiten und Verkürzungen verhindern. Konkret läßt sich mit Kalmbach u. a. (1989, S. 11 – 12) heute verlangen, daß jede ernsthafte empirische Analyse der Wirkungen des technischen Wandels auf Volumen und Struktur der Beschäftigung

1. die direkten und indirekten Effekte berücksichtigen muß und somit makroökonomisch bzw. multisektoral ausgerichtet sein muß,
2. dem Wesen des technischen Wandels entsprechend dynamisch anzulegen ist und
3. die Bestimmungsgrößen der Kompensation möglichst genau erfassen sollte. Zu nennen sind die Nachfragekomponenten Investitionen, Konsum, Exporte, Importe, Staatsausgaben, aber auch die wechselseitigen Zusammenhänge zwischen Einkommensverteilung und technischem Wandel.

Die Meta-II-Studie ist von diesen Erkenntnissen von Anfang an mitgeprägt worden. Trotzdem ist es aber nützlich, nochmals speziell auf die theoretischen Grundüberlegungen zurückzukommen. Immer wieder stellt sich die Frage nach der Bedeutung der Lohnflexibilität. Unter strikten Bedingungen folgt natürlich, daß der technische Wandel Arbeitskräfte nur dann freisetzt, wenn die Löhne nicht genügend fallen. Kalmbach u. a. (1989, S. 13 und S. 30 – 31) betonen aber zwei Sachverhalte, die dazu führen, daß die Reduktion der Freisetzung auf Lohnrigiditäten irritiert. Einmal ist mit Leontief zu vermuten, daß der technische Wandel zumindest partiell immer wieder Kostensenkungen bei substitutiven Faktoren ermöglicht, welche auch durch alle Lohnsenkungen nicht wettgemacht werden können. (Das Pferd wurde durch das Automobil ersetzt, obwohl die Pferde nicht gewerkschaftlich organisiert waren. Das Existenzminimum des Pferdes lag schließlich über den Kosten des Automobils.) Zum zweiten und vor allem stört das Faktum, daß der technische Wandel historisch betrachtet konsequent von steigenden Reallöhnen begleitet worden ist und auf lange Frist die Arbeitslosigkeit keineswegs zugenommen hat.

Angesichts dieser Irritation möchte ich in der Folge versuchen, ohne großen Aufwand und unter Benutzung gängiger theoretischer Konzepte der Lohnflexibilität nochmals nachzugehen. Dadurch soll die wirtschaftliche Bedeutung des Lohnarguments besser eingeordnet werden können. Gleichzeitig lassen sich damit auch Aussagen zur Arbeitsmarktpolitik verbinden. Und schließlich verspreche ich mir von dieser Analyse Hinweise auf den Stellenwert eines Untersuchungstyps, welcher auch in der Meta-II-Studie zum Zuge kam.

2. Freisetzung versus Wachstum

In Abbildung 1 sind die Typen der Wirkungen des Prozeßfortschritts für den Fall einer makroökonomischen Produktionsfunktion mit den klassischen Eigenschaften dargestellt.

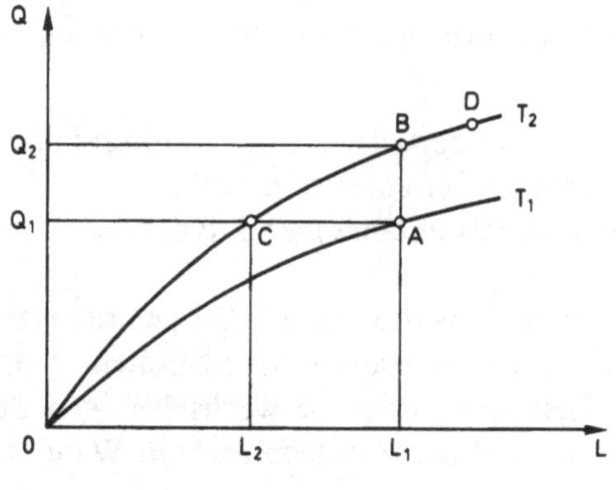

Abbildung 1

Der Output (Q) wird unter Einsatz von Arbeit (L) und Kapital hergestellt. Der Einfachheit halber wird der Kapitaleinsatz konstant gehalten. Verglichen werden zwei Technologien (T_1, T_2), wobei (T_2) gegenüber (T_1) als Folge des technischen Fortschritts eine durchwegs höhere Arbeitsproduktivität aufweist.

Die Produktivitätssteigerung kann ausgehend von (A) entweder in einen Wachstumseffekt münden (A → B), d. h. mit dem bisherigen Arbeitseinsatz (L_1)

wird ein höherer Output (Q_2) erzeugt. Oder der Output wird konstant gehalten, und es resultiert ein Freisetzungseffekt (A → C). Für den konstanten Output werden nur mehr (L_2) Arbeitskräfte eingesetzt.

Ob der eine oder der andere Effekt dominiert, läßt sich ohne weiteres nicht beurteilen. Sicher ist jedoch eine vollständige Freisetzung, d. h. eine Verwirklichung von (C), unwahrscheinlich, da dies – wie aufgrund der weiteren Überlegungen noch zu zeigen ist – eine vollständige Sättigung mit materiellen Gütern impliziert. Insofern setzen alle Freisetzungsrechnungen, die aufgrund einer angenommenen Outputkonstanz in einem partiellen Modell, wie dies in Abbildung 1 enthalten ist, zustandekommen, mit großer Wahrscheinlichkeit falsche Signale.

Wahrscheinlicher ist eine Entwicklung von (A) auf (T_1) nach (T_2) gemäß einem oberhalb von ($\overline{AC}$) verlaufenden Strahl, wobei ein Einmünden in einen Punkt rechts von (B) durchaus möglich ist. In einem Punkt (D) hätte der technische Fortschritt nicht nur keinerlei Freisetzung zur Folge gehabt, der Arbeitseinsatz wäre sogar noch gestiegen, sondern gleichzeitig hätte der Output über den ursprünglich dargestellten Wachstumseffekt hinaus zugenommen.

Welcher Punkt auf (T_2) oberhalb von (C) erreicht wird, hängt ab vom Zusammenwirken von Produktivitäts- und Kaufkraftwirkungen des technischen Fortschritts, also von den Zusammenhängen, welche mit der Kompensationshypothese angesprochen werden. Um sie zu erfassen, muß die Modellbetrachtung vervollständigt werden.

3. Das Arbeitsmarktdiagramm als allgemeines Gleichgewichtsmodell

Das bekannte Arbeitsmarktdiagramm, in welchem Arbeitskräftenachfrage und Arbeitskräfteangebot einander gegenübergestellt werden, kann als allgemeines Gleichgewichtsmodell interpretiert werden. Ruft man sich die Bestimmung des Arbeitskräfteangebots in Erinnerung, dann wird dies evident. (Ehrenberg, Smith 1985, S. 154–72) Die aggregierte Arbeitskräfteangebotsfunktion ergibt sich aus der Addition der Arbeitskräfteangebotsfunktionen individueller Haushalte. Deren Entscheid hängt vom realen Lohnsatz (w) ab. Dabei maximieren die Haushalte eine Nutzenfunktion, in welcher sowohl das Einkommen als auch die Freizeit als Argumente enthalten sind.

Das Einkommen stiftet den Haushalten insofern Nutzen, als sie über das Einkommen in die Lage versetzt werden, dadurch andere hergestellte Güter zu erwerben. Durch Arbeit läßt sich das Einkommen erhöhen. Ein Haushalt bietet also dann zusätzliche Arbeitskraft an, wenn er mehr Güter konsumieren will. Insofern ist die Arbeitsangebotsfunktion als implizite Güternachfragefunktion zu verstehen. Zusätzlich ist zu berücksichtigen, daß die Haushalte aber auch aus der Freizeit Nutzen ziehen. Mehrarbeit heißt aber weniger Freizeit. Die Haushalte werden also nicht beliebig auf Freizeit verzichten, um mehr Güter erwerben zu können.

Güter und Freizeit sind „normale Güter" im Sinne der Nachfragetheorie, d. h., fällt der relative Preis der Güter, weil es wegen eines gestiegenen Lohnsatzes möglich wird, mit der gleichen Arbeit mehr Einkommen zu erzielen, werden mehr Güter und weniger Freizeit nachgefragt. Man spricht vom sogenannten Substitutionseffekt. Gleichzeitig ist jedoch der sogenannte Einkommenseffekt wirksam. Ein steigender Lohnsatz bewirkt eine Einkommenserhöhung. Erhöht sich jedoch das Einkommen, nimmt nicht nur die Nachfrage nach Gütern zu, sondern auch die Nachfrage nach Freizeit wächst. Steigende Einkommen können sogar bewirken, daß am Ende das Arbeitsangebot insgesamt sinkt. Der einzelne Arbeitnehmer kann die angebotenen Stunden reduzieren. Betrachtet man andererseits den Haushalt, so kann das wachsende Einkommen eines Mitglieds dazu führen, daß sich ein anderes aus dem Erwerbsprozeß überhaupt zurückzieht. In diesem Fall nimmt die Beschäftigtenzahl ab.

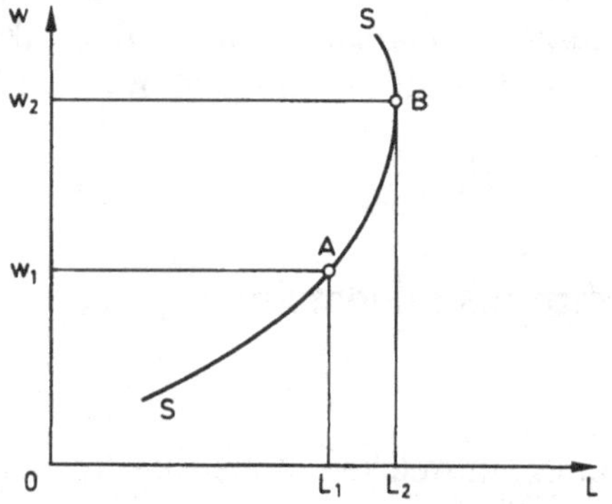

Abbildung 2

In Abbildung 2 sind die zuletzt beschriebenen Zusammenhänge graphisch dargestellt. Bei einem Lohnsatz (w_1) beläuft sich das Arbeitsangebot auf (L_1). Steigt der Lohnsatz Richtung (w_2), erhöht sich zunächst das Arbeitsangebot, da unterstellt ist, der Substitutionseffekt, d. h. die Verteuerung der Freizeit, sei ausgeprägter als der Einkommenseffekt, welcher zu einer Mehrnachfrage nach Freizeit führt. In (B) gleichen sich die entgegengesetzten Kräfte gerade aus. Steigt der Lohnsatz über (w_2) hinaus, dominiert der Einkommenseffekt und das Angebot an Arbeit bildet sich zurück.

Der Verlauf der Kurve des Arbeitsangebots (SS) oberhalb von (B) kann auch so verstanden werden: Bei Lohnsätzen über (w_2) dominieren zunehmend

Sättigungstendenzen. Dank der hohen Einkommen wenden sich die Haushalte zunehmend vom zusätzlichen Konsum von Gütern ab, um immer mehr Freizeit zu verwirklichen.

Das Arbeitsmarktdiagramm wird vollständig, wenn die aggregierte Nachfrage nach Arbeit (DD) eingeführt wird (Abbildung 3). Sie kommt wiederum durch Addition zustande. Die firmenspezifische Nachfrage nach Arbeitskräften folgt aus der Annahme der Profitmaximierung (Ehrenberg, Smith 1985, S. 50–60). Unterstellt man eine Produktionsfunktion vom selben Typ wie in Abbildung 1, so fällt die Kurve (DD) von links oben nach rechts unten. Sie erfüllt in jedem Punkt die Bedingung der Gleichheit des Reallohnsatzes mit dem Wertgrenzprodukt des Faktors Arbeit und gilt immer nur für jeweils eine Technologie (T_i).

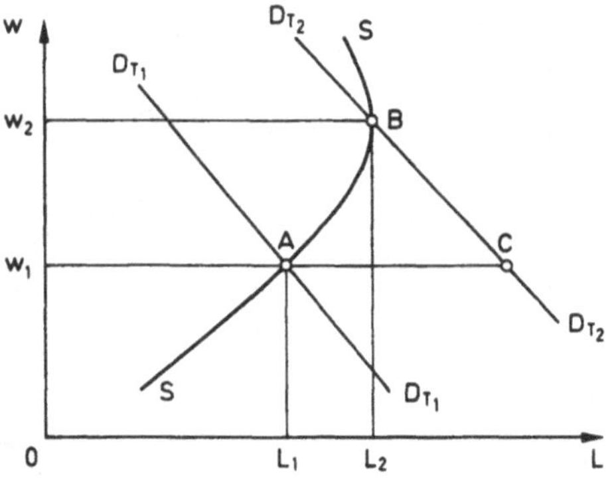

Abbildung 3

Der technische Fortschritt erhöht das Wertgrenzprodukt der Arbeit. Verschiebt sich infolge technischen Fortschritts die Nachfragekurve nach rechts, so führt dies bei vorerst gegebenem Lohnsatz (w_1) zu einer Ausweitung der Nachfrage nach durch die Grenzwertproduktsteigerung attraktiver gewordenen Arbeitskräften (A → C). Da jedoch das Angebot bei diesem Lohnsatz nicht genügt, stellt sich Lohnwettbewerb um die knapper gewordenen Arbeitskräfte solange ein, bis ein neues Gleichgewicht in (B) erreicht ist.

Technischer Fortschritt führt in diesem Fall sowohl zu Reallohnzuwächsen von (w_1) nach (w_2) als auch zu Beschäftigungserhöhungen von (L_1) nach (L_2). Eine Freisetzung ist also nicht zu beobachten. Das Gegenteil ist der Fall. Das gezeichnete Bild stimmt mit der historischen Feststellung überein, wonach der technische Fortschritt nicht nur keineswegs zwingend Beschäftigungseinbußen auslöst, sondern die Reallöhne erheblich ansteigen läßt.

Erst wenn der technische Fortschritt in weiteren Runden weiterläuft und nur unter der Bedingung, daß sich die Arbeitsangebotsfunktion (SS) nicht nach rechts verschiebt, weil zum Beispiel durch Produktinnovationen Sättigungsgrenzen hinausgeschoben werden, ist eine Rückbildung der Beschäftigung gegenüber dem Ausgangszustand denkbar. Dieser Fall ist in Abbildung 4 dargestellt. In ihr werden die bisherigen Abbildungen in ein einziges Bild zusammengefügt.

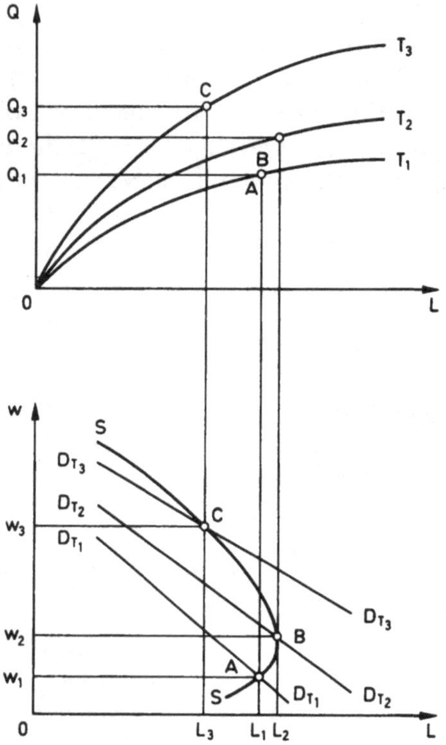

Abbildung 4

Im Wechsel von (T_2) zu (T_3) nimmt die Beschäftigung auf (L_3) ab und fällt sogar unter das ursprüngliche Niveau von (L_1). Festzuhalten ist dabei aber, daß sich auch in diesem Fall die Frage der Arbeitslosigkeit nicht stellt. Vielmehr wird auch weiterhin die Übernachfrage nach Arbeitskräften über Lohnsteigerungen abgebaut. Dabei sind die durch den technischen Fortschritt ausgelösten Einkommenszuwächse so groß, daß sich die Sättigungsgrenzen zunehmend manifestieren. Die Bereitschaft, Arbeit anzunehmen, vermindert sich, die Freizeit wächst, und auch der Output nimmt zu. Letzteres geht aus dem oberen Teil der Abbildung hervor. In (C) ist der Output höher als je zuvor.

Obwohl diese einfache Betrachtung aufschlußreich ist, weist sie aber doch Lücken auf. Es kann gezeigt werden, daß dann, wenn die Annahme aufgehoben wird, daß nur eine einzige Kategorie von Arbeit existiert, auch in einem solchen Modell Arbeitslosigkeit entstehen kann, wenn technischer Fortschritt eintritt.

4. Nicht-neutraler technischer Fortschritt und Reallohnrigidität

Weiterhin wird ein konstanter Kapitalstock unterstellt. Neu werden zwei Typen von Arbeit eingeführt: Nicht-qualifizierte Arbeit (L_a) und qualifizierte Arbeit (L_b). Es wird angenommen, der technische Fortschritt sei in diesem Sinne nicht-neutral, daß er eine Senkung der Produktivität der nicht-qualifizierten Arbeit bewirkt, die von einer Produktivitätserhöhung der qualifizierten Arbeit mehr als kompensiert wird. Die totale Faktorproduktivität steigt. – Abbildung 5 illustriert diese Annahme der Nicht-Neutralität.

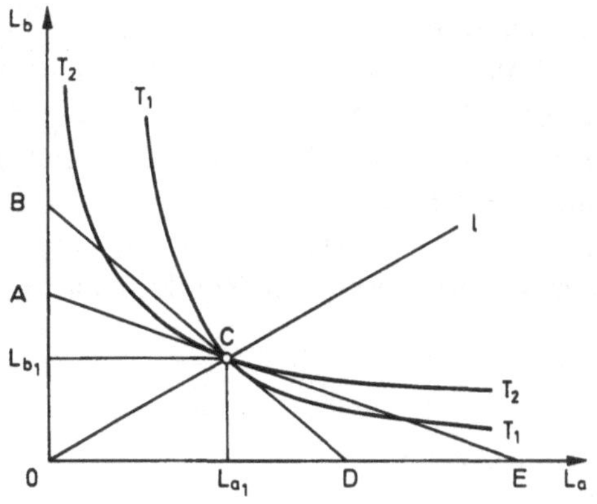

Abbildung 5

Die Isoquante (T_1) steht für die alte, (T_2) steht für die neue Technologie. Das Outputniveau von (T_2) übersteigt jenes für (T_1). Die Isokostenlinien (AE) und (BD) beziehen sich auf jeweils die gleichen, konstanten Gesamtkosten des Arbeitseinsatzes. Die Drehung der Isoquanten und Isokostenlinien in (C) impliziert eine Erhöhung der Grenzproduktivität und des Lohnsatzes der qualifizierten Arbeit (L_b) und eine Senkung von Grenzproduktivität und Lohnsatz der nicht-qualifizierten Arbeit (L_a).

Welche Folgen der so definierte nicht-neutrale technische Fortschritt im allgemeinen Gleichgewicht für die relativen Faktorpreise, für den Output und damit für den Einsatz der verschiedenen Kategorien von Arbeit letztlich haben wird, ist aus dieser Graphik allerdings nicht abzulesen. Zusätzlich müssen wieder die Reaktionen auf der Faktorangebotsseite mit ins Spiel gebracht werden.

Auf dem Markt für qualifizierte Arbeit spielt sich ab, was wir bisher schon für das aggregierte Modell beobachtet haben. Der technische Fortschritt bewirkt eine Steigerung des Grenzwertprodukts und somit eine Ausweitung der Nachfrage nach Arbeit. Davon wird eine Aufwärtsbewegung des Lohnsatzes ausgelöst, die je nach Verlauf der Angebotskurve mit einer mehr oder weniger starken Beschäftigungserhöhung oder gar -verminderung verbunden ist.

Falls das Angebot an qualifizierter Arbeit lohnelastisch ist und sich ausweitet, führt dies zu einer Outputerhöhung, die über die Produktivitätssteigerung hinausgeht. Diese Outputerhöhung hat auch positive Auswirkungen auf die Nachfrage nach unqualifizierter Arbeit (abgeleitete Nachfrage). Zu berücksichtigen ist ferner, daß unter klassischen Annahmen der gesteigerte Einsatz des einen Faktors die Grenzproduktivität des andern begünstigt. Es darf also erwartet werden, daß im Gefolge der Substitution hin zur qualifizierten Arbeit der Rückgang der Grenzproduktivität der unqualifizierten Arbeit als Ausfluß des technischen Fortschritts gemildert, ja eventuell sogar aufgehoben wird.

Dies sind wichtige Feststellungen. Ist nämlich umgekehrt das Angebot an qualifizierter Arbeit lohnunelastisch und unterbleibt eine zusätzliche Outputerhöhung, dann erhöht sich die Wahrscheinlichkeit, daß die nicht-qualifizierte Arbeit eine Nachfrageeinbuße verkraften muß. Erst jetzt entsteht das Problem der Lohnrigidität im Sinne der Flexibilität des absoluten Reallohns nach unten. Ohne absolute Nachfrageeinbuße bei einem der Faktoren wird von den Akteuren zwar Flexibilität der relativen Löhne verlangt, nie jedoch, daß sie sich im Interesse der Effizienz mit einer Verminderung des Reallohns abfinden.

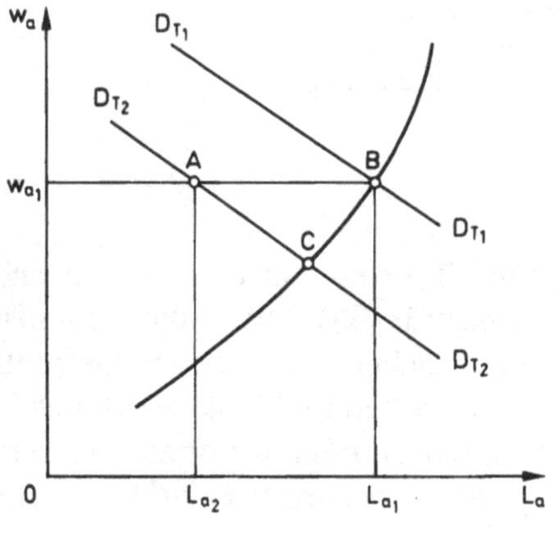

Abbildung 6

In Abbildung 6 wird sichtbar, wie eine durch nicht-neutralen technischen Fortschritt ausgelöste Reduktion der Nachfrage nach nicht-qualifizierter Arbeit schließlich wegen gegen unten starrer Lohnsätze in Arbeitslosigkeit münden kann.

Solange der Reallohn (w_a) fix bleibt, herrscht Arbeitslosigkeit im Umfang von ($\overline{AB}$). Der durch den technischen Fortschritt ausgelöste Beschäftigungsrückgang ist in (A) größer als er in (C) wäre. (C) würde im Falle von flexiblen Löhnen erreicht. Daß Arbeitslosigkeit ineffizient ist, läßt sich im übrigen daran erkennen, daß der durch die Lohnstarrheit ausgelöste zusätzliche Beschäftigungsrückgang der nicht-qualifizierten Arbeit über die Verminderung des Output und über die substitutionsbedingte Reduktion der Grenzproduktivität auch den Markt für qualifizierte Arbeit negativ tangiert.

Der Lohnrigidität gleichzusetzen sind auch Maßnahmen der Arbeitsmarktpolitik, sofern sie eine an sich bestehende Anpassungsbereitschaft der Arbeitnehmer verzögern. Zu nennen sind zum Beispiel Arbeitslosentaggelder, welche es dem Versicherten erlauben, auf tiefere Offerten nicht einzutreten. Zu nennen sind des weiteren öffentlich-rechtliche Mindestlohnvorschriften.

Die Arbeitsmarktpolitik wird genannt, weil sie hier effizienzmindernde Wirkungen zeigt. Daneben weist sie selbstverständlich auch positive Seiten auf, die an dieser Stelle nicht behandelt werden können.

5. Zusammenfassung und Folgerungen für die Forschung

Die Aussagen, die bisher vorgelegt worden sind, lassen sich in neun Thesen zusammenfassen:

(1) Eine angemessene Untersuchung der Folgen des technischen Fortschritts für Beschäftigung und Arbeitslosigkeit verlangt nach einer Berücksichtigung der Zusammenhänge, welche durch die intensive Kontroverse um die klassische Kompensationshypothese ans Licht gebracht worden sind.

(2) Insbesondere setzen alle Freisetzungsrechnungen, die auf einer nur partiellen Betrachtung aufbauen, höchstwahrscheinlich falsche Signale.

(3) Das aggregierte Modell des Arbeitsmarkts darf als allgemeines Gleichgewichtsmodell verstanden werden, weil die Arbeitsangebotsfunktion gleichzeitig auch eine implizite Güternachfragefunktion ist.

(4) Mit einem solchen Modell läßt sich gut darstellen, wie der technische Fortschritt zwar konsequent zu Realeinkommenssteigerungen und Outputerhöhungen führt, die Beschäftigung aber erhöhen, senken oder auch unverändert lassen kann. Das Ergebnis wird vom Verlauf der Arbeitsangebotsfunktion und mithin von der impliziten Sättigung der Haushalte bestimmt.

(5) Da in einem solchen Modell der technische Fortschritt die Arbeitsnachfrage nur positiv beeinflussen kann, gibt es auch keinen Grund für das Entstehen von Arbeitslosigkeit im Gefolge von Lohnrigidität. Der technische Fortschritt beeinflußt die Löhne immer nur in einer Richtung, d. h. nach oben.

(6) Der technische Fortschritt kann jedoch auch im einfachen Modell Arbeitslosigkeit auslösen, sofern mehr als eine Kategorie von Arbeit zugelassen wird.

(7) Die Disaggregation ist allerdings keineswegs eine hinreichende Bedingung für das Entstehen von Arbeitslosigkeit im Zuge des technischen Fortschritts. Vielmehr müssen dafür eine Reihe weiterer Bedingungen erfüllt sein:

(a) Der technische Fortschritt muß nicht-neutral sein. Die Grenzproduktivität eines Faktors muß durchwegs absolut vermindert werden. Es genügt also nicht, daß sich die Nicht-Neutralität darin äußert, daß die Grenzproduktivitäten des einen Faktors nur relativ reduziert werden.
(b) Der Reallohnsatz des vom technischen Fortschritt negativ betroffenen Faktors muß nach unten rigid sein.

Für die Arbeitslosigkeit als Folge des technischen Fortschritts hinreichend werden die Bedingungen aber erst, wenn zusätzlich gilt, daß

(c) die negativen Einwirkungen des technischen Fortschritts auf den benachteiligten Faktor durch die positiven Folgen der Angebotsausweitung des begünstigten Faktors nicht kompensiert werden (Outputsteigerung und Substitution).

(8) Der Lohnrigidität gleichzusetzen sind Maßnahmen der Arbeitsmarktpolitik, sofern sie die Anpassungsbereitschaft des benachteiligten Faktors verzögern.
(9) Angesichts dieser Ergebnisse ist festzustellen, daß die konsequente Berücksichtigung der kompensationstheoretischen Argumente zu einer erheblichen Relativierung der Furcht vor technologischer Arbeitslosigkeit führt. Auch der Stellenwert des Argumentes der Lohnrigidität erscheint reduziert. Es ist zudem festzuhalten, daß sich die Argumentation bisher auf exogenen Prozeßfortschritt beschränkte. Endogener Prozeßfortschritt und Produktfortschritt sind geeignet, die Wahrscheinlichkeit des Entstehens von Arbeitslosigkeit zusätzlich zu vermindern. Für die Forschung läßt sich schließlich folgern, daß neben den kompensationstheoretischen Zusammenhängen und der Lohnflexibilität zwingend auch die Frage nach der allfälligen Nicht-Neutralität des technischen Fortschritts in den Mittelpunkt rückt. Ist der technische Fortschritt neutral oder nur in relativem Sinn nicht-neutral, ist auch bei rigiden Löhnen keine Arbeitslosigkeit zu erwarten.

Untersuchungen in der Art von Kugler u. a. (1987) wurden in der Meta-II-Studie zu Recht gefördert und müssen auch in Zukunft weiterverfolgt werden.

Literatur

Blattner, N. (1979): "On Some Well-known Theoretical Propositions on the Employment Effects of Technical Change", in: NFP Regionalprobleme, Informationsbulletin der Programmleitung, Nr. 2, Bern.

Blattner, N. (1981): "Labour Displacement by Technological Change? A Preliminary Survey of the Case of Microelectronics", in: Rivista Internazionale di Scienze Economiche e Commerciali, Anno XXVIII, Nr. 5.

Blattner, N. (1986): „Technischer Wandel und Beschäftigung: Zum Stand der Diskussion", in: Bombach, G., Gahlen, B. und Ott, A. E. (Hrsg.), Technologischer Wandel – Analyse und Fakten, Tübingen.

Ehrenberg, R. G., and Smith, R. S. (1985): "Modern Labour Economics, Glenview, Ill., 2nd ed.

Kalmbach, P. u. a. (1989): Mikroelektronik und Beschäftigung, Universität Bremen, Bremen.

Kugler, P. u. a. (1987): Arbeitsmarktwirkungen moderner Technologien – eine ökonometrische Untersuchung für die Bundesrepublik Deutschland, BMFT Forschungsauftrag PLI 1338.4, Schlußbericht, Basel.

Mettelsieven, B. und Barens, I. (1987): Direkte und Indirekte Beschäftigungswirkungen technologischer Innovationen, BeitrAB 112, Nürnberg.

X. Input-Output-Modelle zur Untersuchung der Beschäftigungseffekte neuer Technologien: Möglichkeiten und Grenzen

P. Kalmbach

1. Auswirkungen neuer Technologien: Kontroverse Positionen

1. Es ist genügend bekannt, daß die quantitativen und qualitativen Beschäftigungsfolgen des technischen Wandels im Verlauf einer schon lange währenden, periodisch unterbrochenen, aber immer wieder aufflammenden Diskussion höchst unterschiedliche und sogar konträre Einschätzungen gefunden haben. Von einer technologisch bedingten Arbeitslosigkeit ist immer wieder gesprochen worden, aber auch von der beschäftigungskreierenden Wirkung des technischen Wandels. Die von fortschreitender Automatisierung ausgelösten Dequalifizierungstendenzen sind betont worden, aber umgekehrt ist auch auf die damit verbundenen Chancen für eine Requalifizierung der Arbeit immer wieder hingewiesen worden. Nicht genug mit diesen konträren Einschätzungen, bestehen sogar unterschiedliche Auffassungen darüber, ob überhaupt eine sinnvolle Frage gestellt wird, wenn die Beschäftigungsfolgen des technischen Wandels zum Thema gemacht werden. Eine nicht geringe Zahl von Ökonomen neigt dazu, dies bezüglich der quantitativen Beschäftigungsfolgen zu verneinen und betont demgegenüber, daß die Flexibilität der Ökonomie – und das ist für Ökonomen immer vorrangig die Preisflexibilität – darüber entscheidet, welche Resultate der technische Wandel zeitigt. Industriesoziologen, die sich vor allem der qualitativen Arbeitsfolgen angenommen haben, weisen vor allem auf die arbeitsorganisatorischen Gestaltungsspielräume hin und sehen deshalb bisweilen die Frage nach den Folgen des technischen Wandels zumindest als eine schlecht gestellte an, mit der sich der Fragesteller überdies dem Verdacht aussetzt, einem naiven technologischen Determinismus anzuhängen.

Obwohl Hinweise auf die Notwendigkeit der Berücksichtigung solcher Vermittlungsschritte gewiß berechtigt sind, ergibt sich m. E. daraus noch kein hinreichender Grund, auf die Analyse der Beschäftigungsfolgen des technischen Wandels bzw. abgegrenzter neuer Technologien ganz zu verzichten. Technikfolgenabschätzung – mit der natürlich ein umfassenderer Anspruch verbunden ist als mit der Untersuchung der Beschäftigungsfolgen neuer Technologien – scheint mir nämlich gerade dann von besonderer Relevanz zu sein, wenn man nicht von einer strengen technologischen Determination ausgeht, sondern Freiheitsgrade vermuten darf, die der Wirtschafts- und Tarifpolitik Einwirkungsmöglichkeiten eröffnen.

2. Wenn auf eine Frage so konträre Antworten gegeben werden, wie das bei der hier interessierenden der Fall ist, darf man vermuten, daß bereits über die methodisch angemessene Behandlung des Problems keine übereinstimmenden Vorstellungen existieren. Tatsächlich muß man sogar feststellen, daß häufig für die eine oder andere Sicht bezüglich der Beschäftigungsfolgen überhaupt kein Versuch unternommen wird, diese aus einem angemessenen analytischen Rahmen abzuleiten. Stattdessen werden Indizien für die jeweilige Sichtweite genannt, die die Gegenseite meist wenig überzeugen. Vertreter einer beschäftigungsoptimistischen Sicht, denen zufolge mit keinen negativen Beschäftigungsfolgen des technischen Wandels gerechnet werden muß, verweisen gerne darauf, daß die Entwicklung der Vergangenheit in langfristiger Betrachtung keinen trendmäßigen Anstieg der Arbeitslosenquote erkennen läßt, daß die Beschäftigung zu- und nicht abgenommen habe und daß Perioden mit einem starken Anstieg der Arbeitsproduktivität keineswegs systematisch solche mit überdurchschnittlicher Arbeitslosigkeit waren – der Vergleich der fünfziger und sechziger Jahre mit den siebziger und achtziger Jahren lege sogar einen umgekehrten Zusammenhang nahe.

Dieser ‚Evidenz' wird von den Vertretern der beschäftigungspessimistischen Sicht entgegengehalten, daß die durch zahlreiche gleichzeitig wirkende Vorgänge geprägte ex post-Entwicklung keinen Aufschluß über die vom technischen Wandel ausgelösten Effekte geben könne. Hingewiesen wird aber auch auf Indizien, die eine andere Sicht stützen sollen. So sind etwa in der Literatur zahlreiche Beispiele dafür gegeben worden, bei denen die Einführung neuer Technologien mit erheblicher Arbeitseinsparung verbunden war[1]. Der deutliche Rückgang des Arbeitsvolumens in der Bundesrepublik Deutschland wird mitunter als ein weiterer Beleg für die arbeitseinsparende Tendenz des technischen Wandels angeführt. Es liegt auf der Hand, daß diese ‚Belege' für die Vertreter der gegenteiligen Sicht ebensowenig Überzeugungskraft entfalten wie im umgekehrten Fall.

Man kann somit davon ausgehen, daß die Berufung auf solche Indizien wenig dazu beitragen wird, daß auf dem Bazar der Meinungen, von dem Blattner (1986) in diesem Zusammenhang spricht, schließlich nur noch ein Monopolanbieter übrig bleiben wird. Dies gilt natürlich um so mehr, wenn nicht die ihrerseits keineswegs einheitlich beurteilte ex post-Entwicklung zur Debatte steht, sondern die in der Zukunft vom technischen Wandel ausgehenden Effekte abgeschätzt werden sollen. Hier scheint es zunächst vor allem darauf anzukommen, sich über gewisse Anforderungen zu verständigen, denen die Analysen zu genügen haben, mit denen beansprucht wird, darüber Auskunft zu geben. Zwar ist nicht zu erwarten, daß die Kontroversen damit ein schnelles

[1] Eine Zusammenstellung solcher Hinweise bezüglich des Mikroprozessoreneinsatzes findet man bei Dostal und Köstner (1977).

Ende finden. Erwarten darf man davon allerdings, daß die verbleibenden Unterschiede auf einem höheren Niveau angesiedelt sind, weil gewisse Argumente und/oder Belege dann nicht mehr als ausreichend angesehen werden könnten.

2. Anforderungen an Analysen der Beschäftigungsfolgen

3. Nach meinem Eindruck ist es möglich, unter Ökonomen einen recht breiten Konsens darüber zu erzielen, welchen allgemeinen Anforderungen Analysen genügen sollten, von denen relevante Aufschlüsse über die Beschäftigungsfolgen neuer Technologien erhofft werden können. Dies schließt natürlich unterschiedliche Vorstellungen darüber nicht aus, welche der bei empirischen Analysen fast zwangsläufigen Versündigungen gegenüber solchen Anforderungen Vergebung finden können und welche nicht.

Ich möchte zunächst einige dieser bewußt allgemein formulierten Anforderungen nennen, über die mir eine ziemlich breite Verständigung möglich erscheint:

- Der gewählte Ansatz sollte so gewählt werden, daß er möglichst offen in bezug auf das Ergebnis ist, d. h. er sollte weder von Prämissen ausgehen, die erheblich das Resultat einer vollständigen Kompensation oder umgekehrt einer Nettofreisetzung vorentscheiden. Es erscheint vielmehr sinnvoll, die Beschäftigungswirkungen des technischen Wandels als eine jeweils empirisch zu klärende Frage anzusehen, die je nach dem Charakter der vorherrschenden technischen Veränderungen und sonstiger historisch-spezifischer Umstände eine unterschiedliche Antwort erfahren kann. Akzeptiert man diese grundsätzliche Offenheit bezüglich des Ergebnisses, so folgt daraus eine Favorisierung solcher Ansätze, die empirische Überprüfungen erlauben und nicht dem Palmström-Prinzip unterliegen.
- Diese sehr allgemein formulierte Anforderung läßt sich in einer Hinsicht präzisieren. Es ist bekannt, daß in der Literatur verschiedene kompensierende Effekte hervorgehoben worden sind. Ihre Existenz wird freilich häufig nur theoretisch deduziert; welche quantitative Bedeutung ihnen zukommt, bleibt im Dunkeln. Eine realistische Analyse der Beschäftigungswirkungen des technischen Wandels darf von solchen möglichen Kompensationseffekten keinesfalls abstrahieren, allerdings auch nicht voraussetzen, daß sie sich stets als ausreichend erweisen werden. Bei allen Einsichten, die wir Fallstudien verdanken, weisen sie doch darin Defizite auf, daß sie mögliche Kompensationseffekte nicht erfassen können und deswegen mitunter zu einer nicht angemessenen Verallgemeinerung der beobachteten Vorgänge neigen. Eine angemessenere Beurteilung läßt sich nur gewinnen, wenn die

angewendete Untersuchungsmethode deren Einbeziehung erlaubt, dabei allerdings die quantitative Bedeutung, die ihnen zukommt, als eine empirisch klärungsbedürftige Frage ansieht.

– Die Kompensationseffekte verweisen bereits darauf, daß mit dem Einsatz neuer Technologien in bestimmten Bereichen der Ökonomie Auswirkungen verbunden sind, die an anderer Stelle als dem Ort des Einsatzes in Erscheinung treten. Solche indirekten Effekte können grundsätzlich beschäftigungssteigernd oder -senkend wirken. So wird z. B. häufig mit dem verstärkten Einsatz programmgesteuerter Arbeitsmittel sowohl eine erhöhte Nachfrage nach Software verbunden sein wie eine verminderte Nachfrage nach konventionellen Arbeitsmitteln (z. B. Schreibmaschinen). Um solche indirekten Effekte mit zu erfassen, erscheint ein multisektoraler Ansatz wünschenswert, mit dem solche positiven oder negativen Auswirkungen auch auf diejenigen Bereiche der Ökonomie erfaßt werden können, in denen selbst z. T. vielleicht keine relevanten technischen Veränderungen stattfinden, die aber gleichwohl von den sich vollziehenden Veränderungen in anderen Bereichen der Ökonomie affiziert werden.
– Schließlich sollte die Untersuchung der Tatsache Rechnung tragen, daß positive und negative Beschäftigungsfolgen zeitlich ungleich verteilt sein können. Das bedeutet, daß der komparativ-statische Vergleich zwischen beliebig gewählten Perioden möglicherweise von geringer Aussagekraft ist, wie das folgende Beispiel verdeutlicht, in dem zwei Pfade mit unterschiedlichen Intensitäten des technischen Wandels (I schwach, II stark) bezüglich der damit verbundenen Beschäftigungsverläufe verglichen werden.

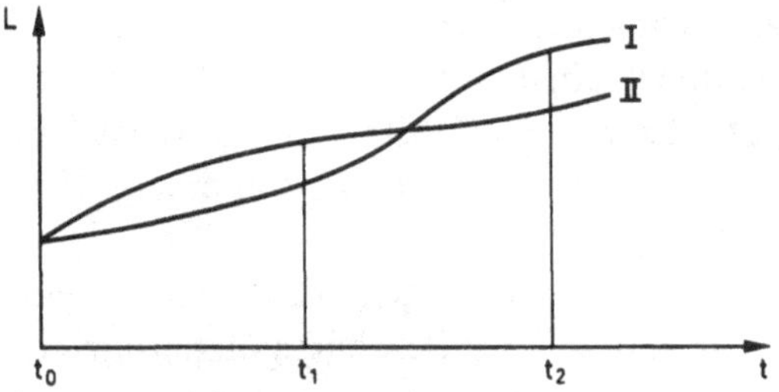

Beispiel

Ein Vergleich von t_1 mit t_0 hätte zum Ergebnis, daß mit der höheren Intensität des technischen Wandels eine günstigere Beschäftigungssituation verbunden ist, ein Vergleich von t_2 mit t_0 führt zur gegenteiligen Aussage. Offenkundig ist es erheblich informativer, wenn man die gesamten jeweiligen Verläufe für einen bestimmten Zeitraum erfaßt und die damit verfügbare Information nutzt, z. B., indem man die kumulierten oder durchschnittlichen Beschäftigungshöhen für bestimmte Zeiträume ermittelt.

3. Dynamische Input-Output-Modelle: Zum Leontief/Duchin-Ansatz

4. Einigen dieser genannten Anforderungen, deren Wünschbarkeit m. E. eine recht breite Zustimmung findet, scheint nun in besonderer Weise ein dynamisches Input-Output-Modell mit (zumindest teilweise) endogenisierter Endnachfrage zu entsprechen. Die Berücksichtigung der sektoralen Verflechtung ist eine Eigenschaft aller Input-Output-Ansätze; ermöglicht wird dadurch, nicht nur die direkten, sondern auch die indirekten Effekte technischer Veränderungen zu erfassen. Eine dynamische Input-Output-Analyse ermöglicht es darüber hinaus, eine wichtige Komponente der Endnachfrage zu endogenisieren und der zuletzt genannten Anforderung Rechnung zu tragen, nämlich den zeitlichen Verlauf zu simulieren, der sich aus bestimmten Annahmen über den technischen Wandel ergibt.

Der erfreulichen Tatsache, über einen Ansatz verfügen zu können, der in hohem Maße den genannten Anforderungen Rechnung trägt, stehen allerdings erhebliche theoretische und empirische Probleme gegenüber. Darüber wird im folgenden noch einiges zu sagen sein. Auf ein allgemeines Problem im Zusammenhang mit dynamischen Input-Output-Ansätzen ist jedoch schon an dieser Stelle hinzuweisen. Die Investitionsnachfrage als ein zentraler Bestandteil dynamischer Input-Output-Modelle wird in der Literatur vielfach nicht durch eine Funktion beschrieben, mit der das Verhalten der Investoren zum Ausdruck gebracht werden soll. Vielmehr nimmt sie güterspezifisch gerade die Höhe an, die sicherstellt, daß die Endnachfrage insgesamt die Vollauslastung der jeweiligen Produktionskapazität erlaubt.

Das kann zu erheblichen Problemen führen. Insbesondere kann sich die sogenannte „causal indeterminacy" einstellen, d. h. das Modell produziert Trajektorien, die früher oder später bei einigen Gütern zu negativen Outputmengen führen können, wenn man sich nicht von Anfang an auf einem Pfad uniformen Wachstums befindet (Meyer 1980).

Leontief und Duchin (1983, 1986) kommt das Verdienst zu, einen dynamischen Input-Output-Ansatz zur Analyse der Beschäftigungsfolgen entwickelt zu haben, in dem die Investitionsnachfrage als Verhaltenshypothese zu formulieren versucht wird und Probleme wie das gerade angesprochene vermieden werden. Die Produktion, die notwendig ist, die jeweilige Gesamtnachfrage zu befriedigen, entspricht bei ihnen demgemäß nicht mehr (oder nur noch zufällig) einer Voll- oder Normalauslastung der Kapazitäten, zugelassen werden vielmehr Über- und Unterauslastungen.

Allerdings weist der Ansatz auch einige recht problematische Züge auf. Er enthält z. B. keine Obergrenze für die Überauslastung der Kapazitäten, d. h. letztere beschränken den Output nicht. Das Wachstum der Kapazitäten orientiert sich an einem Durchschnitt der in der Vergangenheit erfahrenen Outputwachstumsraten, ist aber – um ganz unrealistische Verläufe zu vermeiden – durch letztlich recht willkürlich gesetzte maximale Wachstumsraten beschränkt, die natürlich besonders dann zu einem Problem werden, wenn sie angesichts hoher Outputwachstumsraten in der Vergangenheit über längere Phasen die Wachstumsrate der Kapazität in einzelnen Sektoren festlegen – und das ist auch tatsächlich der Fall.

Eine weitere Schwäche des Leontief/Duchin-Modells scheint mir darin zu bestehen, daß es einen Kapazitätsabbau in einzelnen Sektoren ausschließt und damit von einem u. U. bedeutsamen Aspekt des strukturellen Wandels absieht, das in schrumpfenden Industrien bzw. Produktionsbereichen seinen Ausdruck findet. Realistischer erscheint es, davon auszugehen, daß zumindest im Umfang einer unterlassenen Ersatzinvestition ein Kapazitätsabbau in jeder Periode stattfinden kann. Dies in Rechnung zu stellen, ist dem Leontief/Duchin-Ansatz deshalb nicht möglich, weil die Reinvestition als eine von der Entscheidung über die gewünschte Kapazität ganz unabhängig sich vollziehende Angelegenheit behandelt wird.

Kritisch anzumerken gegenüber der Leontief/Duchin-Studie ist schließlich, daß die Entwicklung der nicht-investiven Komponenten der Endnachfrage exogen und unabhängig vom jeweils unterstellten Szenario über den technischen Wandel vorgegeben wird. Dies ist ein kaum zu rechtfertigendes Vorgehen. Auch wenn man konzediert, daß die Auswirkungen des technischen Wandels auf Exporte und Importe für die USA nicht von gleicher Bedeutung wie etwa für die Bundesrepublik sind und deshalb eher außer acht gelassen werden können, wäre zumindest zu fordern, daß die Auswirkungen auf den Konsum und dessen Struktur Berücksichtigung finden.

Simulationen mit einer hochaggregierten (5-sektoralen) Version des Modells mit Daten für die Bundesrepublik verwiesen auf einige zusätzliche Probleme mit diesem Modellansatz. Z. B. ergaben sich für bestimmte Perioden unrealistisch hohe Wachstumsraten, für andere Schrumpfungsraten; die Schwankungen im Auslastungsgrad waren sehr ausgeprägt; Zyklen waren zwar vorhanden und auch recht regelmäßig, aber mit rund zwanzig Jahren unrealistisch lange.

4. Skizze eines eigenen Ansatzes

5. Ohne das Thema meines Referats aus dem Auge zu verlieren, möchte ich an dieser Stelle kurz über einige Erfahrungen mit einem Ansatz berichten, den wir verfolgt haben (Forschungsgruppe 1989). Er ist inspiriert durch den Leontief/Duchin-Ansatz, versucht jedoch, einige der genannten Schwächen zu vermeiden, ohne daß damit der Anspruch einer deutlichen Überlegenheit verbunden werden könnte, da wir in mancher Hinsicht – z. B. bezüglich des eigentlich

erwünschten Disaggregationsgrads – dem von Leontief/Duchin gesetzten Standard nicht entsprechen konnten.

Es ist nicht notwendig, den von uns entwickelten Ansatz im Detail vorzustellen – ich darf diesbezüglich auf unseren Projektbericht verweisen. Einige Hinweise mögen hier genügen. Wie bei Leontief und Duchin steht auch bei uns die Modellierung der Investitionsnachfrage im Mittelpunkt. Wir folgen ihnen auch darin, daß die Entscheidungen über Kapazitätsveränderungen an den in der Vergangenheit erfahrenen Outputentwicklungen orientiert sind. Die Formulierung der Investitionsnachfrage weist allerdings erhebliche Unterschiede auf. Einerseits wird die ausgeübte Investitionsnachfrage als eine Entscheidung modelliert, auf die die kürzlich erfahrenen Outputentwicklungen ebenso einwirken wie längerfristig wirksame Trends. Die jeweils zu treffende Entscheidung über die Kapazitätsausweitung stellt einen Kompromiß zwischen diesen Einflußfaktoren dar, Kapazitätsabbau ist dabei nicht ausgeschlossen. Eine zweite Stufe der Entscheidung ergibt sich aus der Festlegung darüber, mit welcher Technik diese zusätzliche Kapazität ausgestattet sein soll. Wir unterscheiden nur zwischen zwei Techniken: der alten und der neuen, d. h. zwischen der existierenden und einer best practice technique (bpt). Die Diffusion der letzteren wird parametrisch festgelegt, d. h. es wird zwischen unterschiedlichen Diffusionsgeschwindigkeiten unterschieden. Als Referenzszenario dient der (offenkundig wenig realistische) Fall, in dem es zu keiner weiteren Einschleusung der neuen Technik kommt.

Ein naheliegender Einwand gegen unsere Vorgehensweise könnte sein, daß sie gar nicht erlaubt, den Effekt zu erfassen, der vom zukünftig zu erwartenden technischen Wandel ausgeht. Obwohl richtig ist, daß davon in der Tat abgesehen wird, scheint es mir möglich, unsere Vorgehensweise als durchaus legitim zu rechtfertigen. Es zeigt sich nämlich, daß in der Diskussion über die Beschäftigungsfolgen neuer Technologien oft nicht klar genug unterschieden wird zwischen den Folgen, die sich aus den zum Zeitpunkt der Betrachtung bereits existierenden, aber erst gering diffundierten Technologien ergeben und denen, die mit den erst zukünftig zu erwartenden verbunden sind. Beide Betrachtungsweisen verdienen sicher Interesse, aber es liegt auf der Hand, daß man sich mit der ersteren auf etwas sichererem Grund befindet, da dafür keine Prognosen über die Technikentwicklung notwendig sind, deren Treffsicherheit sich in der Vergangenheit als notorisch gering erwiesen hat (Ulrich 1980). Um allzu spekulative Annahmen zu vermeiden, aber auch weil wir der Meinung waren, daß implizit die Frage nach den Beschäftigungsfolgen neuer Technologien eher auf die Auswirkungen eines verstärkten Einsatzes bereits bekannter Technologien gerichtet ist, haben wir nur diese behandelt. Im Grundsatz wäre der gewählte Ansatz aber dahingehend verallgemeinerungsfähig, daß die bpt selbst als in der Zeit veränderlich aufgefaßt wird. Eine Weiterentwicklung in diese Richtung würde sich eventuell für ein „joint venture“, getragen von Ingenieur- und Wirtschaftswissenschaftlern, als aussichtsreich erweisen.

6. Mit dem bisher Gesagten dürfte ich bereits zu erkennen gegeben haben, daß der dynamische Input-Output-Ansatz von uns nicht für Prognosen benutzt wird. Es ist ganz offenkundig, daß die dem Referenzszenario zugrundeliegende Annahme einer „eingefrorenen Technik“ höchst unrealistisch ist. Aber auch die verschiedenen Diffusionsszenarien erheben nicht den Anspruch, die zukünftige Entwicklung zu beurteilen. Daß diese einen anderen Verlauf nehmen dürfte, ist schon deshalb zu erwarten, weil sich die bpt selbst fortentwickeln wird, aber auch, weil von uns nicht berücksichtigte technische Entwicklungen stattfinden werden, und die verschiedenen Komponenten der Endnachfrage zusätzlichen Einflüssen ausgesetzt sind, die in unserem Zusammenhang nicht interessieren. Zur Anwendung kommt eine Betrachtungsweise, die Hicks folgendermaßen beschrieben hat: “We compare two alternative paths that extend into the future. Along one of those paths some new ‘cause’ is not operating; along the other it is. The difference between the paths is the effect of that cause. The difference itself extends over time, so that there are ‘short-run’ and ‘long-run’ effects. But merely to distinguish between short-run and long-run is not sufficient; it is the *whole* of the difference between the paths which is the effect of the cause” (Hicks 1983, S. 109, Hervorhebung von Hicks).

Die Differenz, die uns interessiert, sind die Unterschiede in den Output- und Beschäftigungsentwicklungen, wenn das Referenzszenario mit Diffusionsszenarien verglichen wird, die ihrerseits durch unterschiedliche Annahmen über die Diffusionsgeschwindigkeit der neuen Technik gekennzeichnet sind, wobei sowohl Szenarien mit einer uniformen Diffusionsrate in allen Produktionsbereichen wie solche mit gruppenspezifischen Diffusionsgeschwindigkeiten betrachtet werden. Da jeweils die Differenz interessiert, sind keine Anstrengungen unternommen worden, für die Pfade selbst besonders realistisch erscheinende Ergebnisse zu erzielen. So ist z. B. von vornherein klar, daß die Annahme der eingefrorenen Technik unrealistisch hohe Beschäftigungszahlen zur Folge haben wird, wenn die Betrachtungsperiode durch eine positive Outputwachstumsrate gekennzeichnet ist. Dem könnte dadurch begegnet werden, daß im Referenz- wie in den Diffusionsszenarien etwa eine autonome Verringerung der Arbeitskoeffizienten unterstellt wird. Für die Differenzbetrachtung erschien uns eine solche – letztlich doch sehr willkürliche – Manipulation nicht besonders sinnvoll.

5. Offene Fragen und selbstkritische Anmerkungen

7. Die Relevanz der Ergebnisse, die man mit der von mir hier nur skizzierten Vorgehensweise erhält, hängt natürlich von verschiedenen Umständen ab. Dem Zweck dieser Klausurtagung dürfte es am ehesten entsprechen, wenn ich vor allem die Punkte anspreche, die bei uns keine wirklich befriedigende Antwort

gefunden haben und insofern auf die Notwendigkeit verweisen, zusätzliche Forschungsanstrengungen zu unternehmen.

Das betrifft zunächst die Modellierung. Wie auch bei Leontief und Duchin liegt ein Mengenmodell zugrunde, und das heißt insbesondere, daß der Preis- und Verteilungsabhängigkeit der Technikenwahl keine Aufmerksamkeit geschenkt wird. Bezüglich der bpt wird insofern einfach unterstellt, daß sie der alten Technik überlegen ist, ohne daß dies überprüft wird. Wünschenswert wäre sicher, diese Schwäche durch die Formulierung und empirische Überprüfung eines geeigneten Preismodells zu beseitigen. Hinreichend präzisierte Vorstellungen hierzu liegen m. W. bisher nicht vor, so daß diese Ergänzung in nächster Zeit kaum zu erwarten sein wird.

Ein Problem, das dringlich der weiteren und intensiveren Analyse bedarf, ist die Endogenisierung der nicht-investiven Endnachfrage. Bezüglich der Konsumnachfrage haben wir einen ersten, aber sicher noch nicht ausreichenden Schritt zur Überwindung eines Mangels des Leontief-Duchin Ansatzes unternommen. Dort wird auf eine modell-exogene Schätzung der Konsumnachfrage zurückgegriffen, die den unterschiedenen Szenarien jeweils zugrundegelegt wird, d. h. eine Abhängigkeit der Höhe und Struktur des Konsums vom technischen Wandel findet keine Berücksichtigung. Wir haben stattdessen für alle Produktionsbereiche unter Verwendung von Daten, die uns das Statistische Bundesamt zur Verfügung stellte, einkommensabhängige Konsumfunktionen (mit einem einperiodigen lag) geschätzt, die jedenfalls ansatzweise die Auswirkungen des technischen Wandels auf den Konsum zu erfassen erlauben, indem unterschiedliche Outputentwicklungen auch unterschiedliche Konsumentwicklungen zur Folge haben. Unberücksichtigt bleiben aber die aus Verteilungsänderungen zu erwartenden Auswirkungen auf den Konsum, und auch die durch neue Produkte ausgelösten Konsumeffekte finden keine befriedigende Behandlung, wobei in diesem Zusammenhang generell anzumerken ist, daß die Produktinnovation im Rahmen von Input-Output-Analysen schwierige konzeptionelle Fragen aufwirft, die noch keine befriedigenden Antworten gefunden haben[2].

Ich übergehe die Staatsnachfrage und wende mich dem Teil der Endnachfrage zu, der uns die stärkste Selbstkritik abverlangt und gleichzeitig auf eine durch zukünftige Untersuchungen zu schließende Forschungslücke aufmerksam macht. Es geht dabei um die Auswirkungen unterschiedlicher Diffusionsverläufe auf Exporte und Importe.

---

[2] Dem theoretischen Modell zufolge ist jeder Produktionsbereich der Erzeuger eines einzigen Gutes. Neue Produkte hätten demnach zur Folge, daß sich die Zahl der Produktionsbereiche erhöht oder – wenn bisher erzeugte Produkte ganz verschwinden – die Zusammensetzung der Sektoren im Zeitablauf Veränderungen unterliegt. Für empirische Analysen gilt natürlich, daß es sich bei den unterschiedenen Produktionsbereichen um die Erzeuger durchaus heterogener Güter handelt, so daß mit neuen Produkten diese Heterogenität eines einzelnen Bereichs nur verbreitet wird, nicht aber neue Produktionsbereiche berücksichtigt werden. Es wird hier aber deutlich, daß in den Produktionskoeffizienten nicht nur der technische Wandel seinen Ausdruck findet, sondern – neben anderem – auch eine veränderte Produktzusammensetzung.

Unter den Kompensationsargumenten spielt bekanntlich das Argument eine bedeutsame Rolle, daß eine verstärkte Diffusion neuer Technologien positive Auswirkungen auf den Export erwarten läßt und eventuell zusätzlich in gewissen Bereichen eine Importsubstitution ermöglicht. Man wird zwar zu fragen haben, ob ein Vertrauen auf eine solche Kompensation angesichts der dadurch für die Handelspartner sich ergebenden Probleme gerechtfertigt ist, gleichwohl erscheint es sinnvoll und notwendig, die quantitative Bedeutung dieses Effekts abzuschätzen.

Die Schwierigkeiten, die sich dabei ergeben, sind jedoch beträchtlich. Die Export- und Importwirkungen, die mit unterschiedlichen Diffusionsverläufen verbunden sind, werden u. a. stark davon abhängen, welche Diffusionsgeschwindigkeit in anderen Ländern, insbesondere bei den jeweiligen Hauptkonkurrenten eines Produktionsbereichs gegeben ist. Realistische Abschätzungen der export- und importinduzierten Effekte verweisen damit auf die Notwendigkeit eines Modells interdependenter Wirtschaften – eine Anforderung, der zumindest von sektoral disaggregierten Modellen bisher kaum entsprochen werden kann.

Wir haben versucht, diese unsere Möglichkeiten übersteigenden Konsequenzen zu vermeiden, indem wir den Zusammenhang der in inländischen Produktionsbereichen stattfindenden Diffusion und der Exportentwicklung überprüften. Die Ergebnisse waren enttäuschend, so daß vom Versuch einer Endogenisierung der Exporte und der Importe schließlich ganz abgesehen wurde. Für das Referenzszenario und die Diffusionsszenarien wird deshalb die gleiche Exportentwicklung unterstellt und die Importkoeffizienten werden als gegeben angenommen. Ein häufig genanntes Kompensationsargument wird damit keiner empirischen Überprüfung unterzogen. Ohne Frage stellt dies ein erhebliches Manko unserer Untersuchung dar. Für eine Wirtschaft mit so hohem Außenhandelsanteil, wie ihn die Bundesrepublik Deutschland aufweist, bedürften die Reaktionen von Export und Import auf unterschiedliche Diffusionsverläufe selbstverständlich der Überprüfung, um die gesamtwirtschaftlichen und sektoralen Beschäftigungseffekte realistisch abschätzen zu können. Für einen internationalen Forschungsverbund ergeben sich hier interessante Perspektiven, für eine kleine Forschungsgruppe waren hier zunächst nicht übersteigbare Hürden gesetzt.

8. Die bisher angesprochenen Probleme bezogen sich auf Punkte, die eine weitere Ausformulierung des Ansatzes, insbesondere zusätzliche Anstrengungen zur Endogenisierung der Komponenten der Endnachfrage nahelegen. Auch auf der empirischen Ebene sahen wir uns gezwungen, z. T. erheblich hinter dem eigentlich Wünschbaren zurückzubleiben. Es sind vor allem zwei Sachverhalte, die mir erheblich verbesserungsbedürftig erscheinen.

Der erste bezieht sich auf die zugrundegelegte Disaggregation. Ein Ansatz, der – wie der unsere – zwischen 51 Produktionsbereichen unterscheidet, erscheint mir nicht von vornherein als zu hochaggregiert. Eine befriedigende Behandlung der Fragestellung würde es aber erfordern, daß zwischen anderen Produktionsbereichen unterschieden wird als in den herkömmlichen Input-Output-Tabellen. Das betrifft insbesondere die wesentlichen Herstellerbereiche neuer Technologien, also Maschinenbau, Elektrotechnik, Büromaschinen/Datenverarbeitungsgeräte sowie sonstige Dienstleistungen. Diese Bereiche sind dadurch gekennzeichnet, daß in ihnen die Herstellung konventioneller Produkte und die Herstellung neuer Technologien erfolgt (bei den Dienstleistungen interessiert die Unterscheidung zwischen konventionellen und solchen, die in einem Zusammenhang mit dem Einsatz neuer Technologien stehen). Solange keine Aufspaltung nach dem Kriterium „alt – neu" vorgenommen wird, tritt nur der Nettoeffekt in Erscheinung, die eintretenden Verschiebungen selbst bleiben unbekannt.

Der Versuch, die Sechssteller in der Systematik der Produktionsbereiche für die angesprochenen Produktionsbereiche den Kategorien „konventionell" und „modern" zuzuordnen, erwies sich als nicht durchführbar. Es zeigt sich, daß die existierende Systematik dafür wenig geeignet ist. M. W. wird seitens des Statistischen Bundesamts daran gearbeitet, eine Systematik zu entwickeln, die für Fragestellungen wie die unsere sich als geeigneter erweisen dürfte. Ohne über eine solche zu verfügen, sahen wir uns außerstande, an einer solchen Disaggregation zu arbeiten, die ja für die Zeilen und Spalten aller involvierten Matrizen durchgeführt werden müßte. Eine solche Aufgabe dürfte auch nur für eines der großen Wirtschaftsforschungsinstitute in Zusammenarbeit mit dem Statistischen Bundesamt leistbar sein[3].

Der zweite anzusprechende Sachverhalt betrifft die Ermittlung der bpt. Wir haben keinen Versuch unternommen, ein theoretisches Modell zur Ermittlung der Koeffizienten zu entwickeln. Die Methode besteht vielmehr darin, durch Auswertung uns verfügbarer Informationen zu einer Beschreibung der bpt zu gelangen. Verwendung fanden die unterschiedlichsten Quellen: Branchenanalysen, Untersuchungen über den Verbreitungsgrad einzelner Technologien, Falluntersuchungen, die Strukturberichterstattung der Wirtschaftsforschungsinstitute, Veröffentlichungen und Mitteilungen von Verbänden u. a. Zu einzelnen Fragen sind zudem Experten befragt worden. Die oft nur Tendenzen beschreibenden und mitunter auch widersprüchlichen Aussagen in Koeffizienten des Input-Output-Modells zu übersetzen, erwies sich als eine sehr heikle Aufgabe, die nicht frei von „guess-work" ist. Auch zeigte sich, daß die verfügbaren Informationen für die verschiedenen Produktbereiche und über einzelne Technologien sehr unterschiedlich sind. Das, aber natürlich auch die nur begrenzt

---

[3] Ein erster Schritt in diese Richtung ist im Rahmen der Metastudie II vom DIW unternommen worden, indem unter Verwendung des Leontief/Duchin-Ansatzes die Beschäftigungswirkungen des Einsatzes von Industrierobotern untersucht wurden. Dafür wurde der Herstellersektor auszugliedern und als neuen Sektor darzustellen versucht. Siehe dazu DIW 1988.

verfügbare manpower, zwang uns zu Kompromissen. Gründlichere Ermittlungen der bpt wurden nur für bestimmte und, wie wir hoffen, für besonders wichtige Produktionsbereiche durchgeführt. Für die anderen haben wir nur die Auswirkungen der Büroautomatisierung mit neuen Bürotechniken auf die Koeffizienten abgeschätzt, wobei wir die Bereiche verschiedenen Gruppen zugeordnet haben.

6. Forschungsperspektiven

9. Die geschilderten Beschränkungen relativieren die von uns erzielten Ergebnisse, entwerten sie jedoch nicht. Sie hier darzustellen, ist nicht notwendig; zum einen deshalb, weil dies an anderer Stelle erfolgt ist (Forschungsgruppe 1989, Kalmbach und Kurz 1989 a, 1989 b), zum anderen, weil für die hier im Vordergrund stehende Beurteilung von Input-Output-Modellen zur Untersuchung der Beschäftigungswirkungen neuer Technologien damit wenig gewonnen wäre.

Obgleich ich im Vorangegangenen zu zahlreichen selbstkritischen Bemerkungen gezwungen war und auch den Leontief/Duchin-Ansatz einer Kritik unterzogen habe, möchte ich den – sich eines dynamischen Input-Output-Modells bedienenden – Ansatz als einen durchaus fruchtbaren verteidigen. Gerade weil recht deutlich ist, wo die Defizite der bisher unternommenen Versuche liegen, scheint es mir möglich zu sein, zu erheblichen Verbesserungen zu gelangen. Mit unserer eigenen Untersuchung ging es uns zunächst vor allem darum, zu zeigen, daß der gewählte analytische Rahmen sich grundsätzlich als geeignet erweist, die Beschäftigungseffekte neuer Technologien zu erfassen, wenngleich in der Durchführung manche Ansprüche zunächst nicht (voll) eingelöst werden konnten. Für einen breiteren Forschungsverbund, in den die jeweils dafür am besten gerüsteten Institutionen ihr „Herrschaftswissen" einbrächten, kann ein dynamisches Input-Output-Modell mit endogenisierter Endnachfrage aber einen Integrationsansatz liefern, mit dem erhebliche Fortschritte erzielt werden können.

Die forschungsleitende Idee der Metastudie II bestand darin, durch verschiedene Module ein Gesamtergebnis zu erzielen, das mehr als die Summe der Teile darstellt. Ob und in welchem Umfang das geglückt ist, soll hier nicht beurteilt werden. Bei weiteren Forschungsanstrengungen sollte m. E. jedoch eher der Versuch unternommen werden, einen Integrationsansatz zu entwickeln, der sich als geeignet erweist, die notwendigen Einzeluntersuchungen und deren Ergebnisse aufzunehmen und zu verarbeiten. Ein dynamisches Input-Output-Modell mit endogenisierter Endnachfrage ist m. E. ein sehr ernsthafter Kandidat dafür und scheint gegenwärtig am ehesten Anlaß für die Erwartung zu geben, daß das damit erreichbare Ganze mehr als die Summe der Teile ist.

Literatur

Blattner, N. (1986): Technischer Wandel und Beschäftigung: Zum Stand der Diskussion, in: Technologischer Wandel – Analyse und Fakten, hrsg. von G. Bombach, B. Gahlen, A. E. Ott, Tübingen.

DIW (1988): Sektorale und gesamtwirtschaftliche Beschäftigungswirkungen neuer Technologien, Gutachten im Rahmen der Metastudie II: Arbeitsmarktwirkungen moderner Technologien, Bd. 1 und Bd. 2, Berlin.

Dostal, W. und Köstner, K. (1977): Mikroprozessoren – Auswirkungen auf Arbeitskräfte?, Mitteilungen aus der Arbeits- und Berufsforschung, Heft 2.

Forschungsgruppe 'Technologischer Wandel und Beschäftigung' (1989): Mikroelektronik und Beschäftigung, Bremen.

Hicks, J. R. (1983): Collected Essays on Economic Theory, Vol. III, Classics and Moderns, Oxford.

Kalmbach, P. und Kurz, H. D. (1989 a): Microelectronics and Employment, Referat für die Konferenz der International Input-Output Association.

Kalmbach, P. und Kurz, H. D. (1989 b): Chips und Jobs, Zu den Beschäftigungswirkungen des Einsatzes der Mikroelektronik in der Bundesrepublik Deutschland, erscheint demnächst.

Leontief, W. und Duchin, F. (1983): The Impacts of Automation on Employment, 1963–2000, New York, unveröffentlichter Projektbericht.

Leontief, W. und Duchin, F. (1986): The Future Impact of Automation on Workers, Oxford.

Meyer, U. (1980): Dynamische Input-Output-Modelle, Königstein.

Ulrich, E. (1980): Technikprognosen, Mitteilungen aus der Arbeitsmarkt- und Berufsforschung, Heft 3.

XI. Neue Technologien und Beschäftigung: Zum Stellenwert von Technologieverflechtungsmatrizen

W. Gerstenberger

1. Einführung

Im Rahmen von Meta II wurden eine Reihe von Forschungsansätzen zur Analyse der Zusammenhänge zwischen der Einführung neuer Technologien und der quantitativen und qualitativen Entwicklung der Beschäftigung im gesamtwirtschaftlichen Zusammenhang angewendet. Die folgenden Ausführungen konzentrieren sich auf die Technologiegeber/-nehmer-Matrizen bzw. die Innovationsverflechtungsmatrizen, die sowohl in dem Beitrag des Deutschen Instituts für Wirtschaftsforschung (DIW, 1988) als auch des Ifo-Instituts (Penzkofer, Schmalholz, Scholz 1988) eine wichtige Rolle spielen. In diesen Matrizen – im folgenden kurz als Technologieverflechtungsmatrizen bezeichnet – wird ein wissenschaftlich-methodischer Fortschritt gesehen, der durch Meta II ermöglicht worden ist (Penzkofer, Schmalholz, Scholz 1989, S. 14).

In einem ersten Teil wird der Ansatz der Technologieverflechtungsmatrizen vorgestellt und sein Stellenwert erörtert. Der zweite Abschnitt setzt sich kritisch mit der Umsetzung des Konzeptes im Rahmen von Meta II auseinander. Im dritten Teil werden Möglichkeiten zur Verbesserung der Datenbasis für eine fundiertere Berücksichtigung der direkten und indirekten Technikverflechtungen erörtert.

2. Zum Konzept der Technologieverflechtungsmatrizen

Bei der Analyse von Zusammenhängen zwischen der Einführung neuer Techniken und der Entwicklung von Wettbewerbsfähigkeit, Produktivität und Beschäftigung auf sektoraler Ebene taucht stets das Problem auf, daß die technischen Veränderungen, welche auf die Beschäftigungsentwicklung eines Sektors der Wirtschaft Einfluß nehmen, durchaus außerhalb des betreffenden Sektors auftreten können. Die Fälle dieser Art sind zahlreich. So waren z. B. die gewichtigen Veränderungen in der Herstellung von Textilien und die daraus resultierenden Veränderungen beim Personaleinsatz in den letzten 30 Jahren auf technische Verbesserung bei den Spinn- und Webmaschinen und die Einführung der Kunstfaser zurückzuführen. Die Innovationen wurden demnach im Textilmaschinenbau und in der Chemie realisiert. Die Textilhersteller haben sie sich in Form von Bezügen von Investitionsgütern und Vorleistungsgütern zunutze gemacht. Die Beispiele ließen sich beliebig fortsetzen. Wichtig erscheint aber nur noch der Hinweis, daß auf diesem Wege auch von Innovationen im Ausland profitiert werden kann. So wäre z. B. der Aufbau einer deutschen Chip-Produktion im Mega-Bit-Bereich nicht ohne Bezüge japanischer Maschinen möglich bzw. nicht so schnell möglich gewesen.

Die dargestellte Konstellation legt es nahe, analog zu Input-Output-Matrizen, welche den Fluß von Waren und Dienstleistungen zwischen den verschiedenen Wirtschaftszweigen und zu den Endnachfragern abbilden, Technologieverflechtungsmatrizen aufzustellen, welche die Flüsse von neuen Technologien zwischen den Wirtschaftssektoren erfassen. Informationen zur Verbreitung von neuen Technologien können zur Erklärung von technologisch bedingten Veränderungen in der Wirtschafts- und Beschäftigtenstruktur beitragen. Die „alten" Technologien, d. h. die Technologien, deren Diffusionsprozeß abgeschlossen bzw. weit fortgeschritten ist, werden bereits durch die vorhandenen Input-Output-Tabellen abgebildet.

Das Konzept der Technologieverflechtungsmatrizen ist nicht zuletzt deshalb bestechend, weil auf diese Technikgeber-Techniknehmer-Matrizen das vorhandene, weit entwickelte Instrumentarium der Input-Output-Analyse (Leontief-Preis- und Produktionsmodelle) angewendet werden kann. Nicht nur das Problem der exakten und gesamtwirtschaftlich konsistenten Messung des Inputs an neuer Technologie in den verschiedenen Sektoren der Wirtschaft wäre damit gelöst. Auch andere Fragen wie z. B. die Ermittlung der gesamtwirtschaftlichen Bedeutung bestimmter Technologien wären leicht zu beantworten.

So bestechend die Technologieverflechtungsmatrize im Konzept ist, so schwierig ist ihre empirische Konkretisierung. Die Erarbeitung von Technikgeber-Techniknehmer-Matrizen erfordert

a) die Erfassung des Umfangs der Produktion (und der Importe) der Güter und Dienste, welche die neuen Technologien inkorporieren, in den verschiedenen Wirtschaftssektoren;
b) die Ermittlung der Struktur des Absatzes nach Wirtschafts- bzw. Endnachfragebereichen; im Fall von Investitionsgütern ist zusätzlich die Verteilung nach Investoren zu bestimmen.
c) Die Entwicklung eines Systems von Umrechnungsfaktoren, das die Aggregation bzw. Verknüpfung der in unterschiedlichen Einheiten gemessenen technologischen Veränderungen (z. B. Zahl der Industrieroboter, Tonnen eines neuen Werkstoffes, Anzahl der verkauften Exemplare einer neuen Software) gestattet.

Bei letzterem stellt sich die Frage, ob das Umrechnungssystem unabhängig von der Zielsetzung (z. B. Ermittlung der Wirkung der neuen Techniken auf die Beschäftigung oder auf die Absatzentwicklung) der Messung sein kann.

Angesichts der Schwierigkeit dieser Aufgabe kann vorab gesagt werden, daß der alternative Ansatz zu den Technologiematrizen, nämlich die Erfassung von technologischen Veränderungen unabhängig von ihrer Entstehung beim Anwender der neuen Techniken, weiterhin seine Berechtigung behalten wird. Empirisches Material für diesen „klassischen" Ansatz wird für den Bereich der kapitalgebundenen technischen Veränderungen durch Erhebungen seit langem bereitgestellt (z. B. Ifo-Investitionstest, Ifo-Innovationstest, Infratestbefragungen zur Computernutzung). Die Informationen wurden bereits in einer Reihe von Untersuchungen erfolgreich für die Analyse der Zusammenhänge zwischen den Investitionsaktivitäten und der Entwicklung von Produktivität und Beschäftigung eingesetzt (Oppenländer 1976, Ifo/ISI/Infratest 1980, Gerstenberger, Schedl, Vogler-Ludwig 1988). Die regelmäßige Vervollständigung dieser Informationsbasis um Daten zum Einsatz neuer Vorleistungen (neue Werkstoffe, Komponenten, Dienste) und neuer Organisationsformen stellt keine unüberwindliche Schwierigkeit dar.

3. Zur Umsetzung des Konzepts bei Meta II

3.1 Die Art der Umsetzung

Bei der empirischen Umsetzung der Technologieverflechtungsmatrizen wurden bei Meta II zwei Wege beschritten. Sie unterscheiden sich allerdings im wesentlichen nur im Meßansatz für die neuen Technologien. Das DIW verwendet als Indikator für die technischen Neuerungen die Ausgaben für Forschung und Entwicklung in der Definition des Frascatihandbuchs der Industriezweige (2-Steller-Ebene) (DIW 1988, Band II). Das Ifo-Team verwendet als Indikator die Innovationsaufwendungen der Zweige (Penzkofer, Schmalholz, Scholz 1989, S. 16). Diese umfassen neben den FuE-Ausgaben die Ausgaben für Konstruktion und Design, den Erwerb von Patenten, Lizenzen, Gebrauchsmustern, die Produktions- und Absatzvorbereitung bei Produktinnovationen (incl. Investitionen zum Kapazitätsaufbau) sowie die Prozeßinnovationen (incl. Rationalisierung). Die beiden zuletztgenannten Komponenten setzen sich im wesentlichen aus Investitionsausgaben zusammen.

In beiden Ansätzen wird unterstellt, daß die Verteilung der neuen Technik auf die nachgelagerten Sektoren entsprechend der Absatzstrukturen aus Input-Output-Tabellen für die Vergangenheit erfolgt. Das DIW verwendet eine institutionell abgegrenzte Matrix für das Jahr 1984, Ifo basiert auf der funktional abgegrenzten Matrix des Bundesamtes für das Jahr 1980, welche mit Hilfe mechanischer Iterationsverfahren an die Endnachfrage- und Produktionsstrukturen der Jahre 1981–86 angepaßt wurde.

3.2. Kritik der Meßansätze

Die Analyse des Vorgehens bei der empirischen Realisierung folgt den im vorangegangenen Abschnitt skizzierten Schritten.

3.2.1 Messung von Art und Umfang der technischen Neuerungen

Aus dem Vorgehen ergibt sich unmittelbar, daß bei beiden Meßansätzen nicht versucht wurde, den Umfang der Produktion bzw. des Einsatzes von neuen Technologien direkt zu messen. Verwendet wurden stattdessen Meta-Variablen, von denen vermutet wird, daß Beziehungen zu den konkreten technischen Veränderungen existieren. Damit stellt sich die Frage, ob mit den FuE-Aufwendungen bzw. den Innovationsaufwendungen von Industriezweigen (Zwei-Steller-Ebene) die Art und der Umfang von technischen Neuerungen spezifisch genug gemessen werden kann, um Aussagen über Zusammenhänge zwischen dem Einsatz neuer Techniken und der Beschäftigungsentwicklung empirisch zu prüfen. Bedenken bestehen hier sowohl von der Art der Variablen her als auch von der Ebene her, auf der die Messung erfolgt.

Problematik der Meßvariablen

Für die Vermutung, daß die verwendeten Indikatoren die technischen Neuerungen nicht spezifisch genug messen, sprechen mehrere Gesichtspunkte. Die FuE-Aufwandsdaten stehen schon auf Unternehmensebene für eine Summe einzelner Projekte, von denen ein Teil morgen, ein Teil übermorgen, ein Teil in ferner Zukunft und ein ins Gewicht fallender Teil nie in konkrete technische Veränderungen umgesetzt wird. Damit ist bereits auf einzelwirtschaftlicher Ebene der Zusammenhang zwischen dem Indikator und den konkreten technischen Veränderungen weder in sachlicher noch in zeitlicher Hinsicht gegeben. Hohe FuE-Ausgaben können hohen Leerlauf bedeuten; erfolgreiche FuE-Aktivitäten werden sich mit unterschiedlichen Timelags in neuen Produkten oder Diensten auswirken. Deren Diffusion könnte dann erst Auswirkungen auf die Beschäftigung haben. Die Aggregation der FuE-Ausgaben zu einem FuE-Kapitalstock, den das DIW letztlich als Meßvariable verwendet hat, verschärft noch den Einwand der Unbestimmtheit des Zusammenhangs zwischen Indikator und den konkreten technischen Veränderungen.

Der Einwand trifft gleichermaßen auf die Innovationsaufwendungen als Indikator für technische Neuerungen zu. Diese Super-Meta-Variable erfaßt alle Aufwandsposten, die „von der Entstehungs- über die Entwicklungs- bis hin zur Realisierungsphase eines Innovationsprojektes anfallen“ (Penzkofer, Schmalholz, Scholz 1989, S. 16). Bereits auf der Ebene der Einzelerfassung, dem Unternehmen, steht damit der Innovationsaufwand für einen Komplex an Projekten, die sich in unterschiedlichen Stadien der Realisierung befinden. Aussagefähiger erschiene eine Konzentration auf die Innovationsausgaben, welche in der letzten Phase der Realisierung der Projekte anfallen. Zwar würden auch dann möglicherweise Projekte mit marginalen technischen Verbesserungen mit ins Gewicht fallenden Innovationen in einen Topf geworfen. Es könnte aber zumindest von einem in zeitlicher Hinsicht gewährleisteten Zusammenhang zwischen den Veränderungen beim Indikator und den technischen Neuerungen ausgegangen werden.

Ebene der Messung

Die Meßwerte für die Indikatoren stellen Durchschnittswerte für Industriezweige (2-Steller) dar, zu denen die Einzelangaben der Unternehmen verdichtet werden, die freiwillig an der Umfrage des Stifterverbandes bzw. am Ifo-Innovationstest teilnehmen. Selbst die weniger an technischen Kriterien ausgerichtete Konjunktur- und Strukturstatistik nach dem Unternehmenskonzept (institutionelle Betrachtung) weist im verarbeitenden Gewerbe Beobachtungswerte für Durchschnitte auf der Ebene Drei- und Viersteller der Wirtschaftszweig-Systematik aus. Die stärker technisch orientierte Produktions- und Außenhandelsstatistik differenziert weit stärker.

Bereits die Gegenüberstellung der Ebenen, auf denen die Indikatoren der technischen Neuerungen, also der Veränderung der Technik, und die Entwicklung auf der Basis der etablierten Technik beobachtet wird, zeigt die Problematik der Meßebene der Indikatoren. Gerade unter dem Aspekt der Beschäftigungswirkungen wäre es sicher von Interesse, ob die Forschungs- oder Innovationsmark des Maschinenbaus nun im Apparatebau für die Entwicklung einer neuen Abwasserreinigungstechnik oder im Werkzeugmaschinenbau für die Entwicklung eines vielseitigeren Fertigungszentrums ausgegeben wurde. An dieser Problematik der nicht hinreichend disaggregierten Beobachtungsebene ändert auch die im Innovationstest mögliche Unterscheidung zwischen Produkt- und Prozeßinnovationen nichts.

3.2.2 Ermittlung der Technik-Flüsse zu den nachgelagerten Wirtschaftsbereichen

Die Verwendung der Outputstrukturen der Vergangenheit für die Schätzung der Verteilung der induzierten technischen Neuerungen auf die nachgelagerten Wirtschaftsbereiche überrascht vor dem Hintergrund der langen Diskussion zu den Möglichkeiten und Grenzen des Input-Output-Instrumentariums. Der Einsatz von Input-Output-Modellen bei der Branchenprognose gilt als problematisch, weil sich die Verflechtungskoeffizienten im Zeitablauf wegen technischer Neuerungen ändern. Trotz erheblicher Anstrengungen, die Zusammenhänge zwischen der Diffusion von neuen Techniken und der Veränderung der Outputkoeffizienten aufzudecken, ist dies bisher nur unbefriedigend gelungen (Vgl. Kalmbach 1991).

Vor diesem Hintergrund mutet es nun schon fast paradox an, wenn die Outputkoeffizienten der Vergangenheit verwendet werden, um die Verflechtungen der neuen Technik abzubilden. Wenn es richtig ist, daß die technische Entwicklung die Outputkoeffizienten ändert, dann entspricht die Verflechtung der neuen Technik in der Regel genau nicht den traditionellen Beziehungen. Ein Beispiel macht die Problematik klar. Die derzeitigen technischen Neuerungen in der Feinkeramik fließen eben nicht mehr in den Geschirrschrank der privaten Haushalte und für Isolationszwecke in die Elektrotechnik. Sie fließen vielmehr z. B. in Form von Hartwerkstoffen in den Maschinenbau oder in Form von Produkten zur Wärmeisolierung in die Luft- und Raumfahrtindustrie. Der verwendete Ansatz muß sich deshalb vorhalten lassen, daß die indirekten Effekte technischer Neuerungen mit großer Wahrscheinlichkeit falsch zugeordnet worden sind.

3.2.3 System zur Aggregation verschiedener Techniken

Bei den verwendeten Indikatoren erscheint auf den ersten Blick die Entwicklung eines Systems von Umrechnungsfaktoren nicht notwendig, da sowohl der FuE-Aufwand als auch der Innovationsaufwand für alle Wirtschafts- bzw. Technikbereiche in einer einheitlichen Einheit (D-Mark) gemessen wird. Dieser Vorteil ist allerdings nur scheinbar. In den vorangegangenen Abschnitten wurden Beispiele gegeben, die zeigen, daß eine FuE-Mark bzw. eine Innovations-Mark in höchst unterschiedlicher Beziehung zu den konkreten technischen Neuerungen stehen kann. Das Spektrum der Relationen reicht von vollkommen unabhängig (Fehlinvestition) über die Modellüberarbeitung für die nächste Messe (Routine-Verbesserungsinnovation) bis zum Durchbruch mit weittragenden Anstoßeffekten (Basisinnovation) in fünf bis zehn Jahren. Wegen dieser Unbestimmtheit der Beziehungen zwischen Meßvariable und zu messenden Phänomenen verdeckt die einheitliche Währung nur das Problem. Sie löst es keinesfalls.

3.2.4 Fazit: Unzureichende Meßgenauigkeit

Insgesamt ist festzuhalten, daß die empirische Umsetzung des Konzeptes der Technologieverflechtungsmatrizen bei Meta II in mehrfacher Hinsicht Schwächen aufweist. Die Problematik der Vorgehensweise illustriert die Übertragung des Forschungsansatzes auf eine naturwissenschaftliche Fragestellung. Chemiker müssen häufig die Wirksamkeit eines Stoffes A, z. B. eines Arzneimittels, nachweisen. Entsprechend der bei Meta II angewandten Methode gehe man dabei folgendermaßen vor:

Zunächst nehme man eine Probe aus einem Gemisch, in dem der potentielle Wirkstoff A in möglichst großer Verdünnung und in starker Mischung mit vielen anderen Wirkstoffen enthalten ist. Dann ziehe man weitere Proben aus anderen Gemischen, in denen der Wirkstoff A möglicherweise vorhanden ist, möglicherweise aber auch nicht. Anschließend gieße man die verschiedenen Proben zusammen und rühre kräftig um. Das Gebräu flöße man dann einer Gruppe von Menschen ein, die Gesunde und Kranke mit verschiedenster

Diagnose umfaßt. Wenn dann die Gesunden gesund geblieben sind, verkünde man, daß Gesundheit möglicherweise auf den Wirkstoff A zurückzuführen ist.

Den Schluß, daß mit dieser kleinen Satire nicht allzu stark übertrieben wird, legt das DIW-Fazit einer Analyse der Beziehungen zwischen direkten und indirekten FuE-Ausgaben und den Veränderungen der Inputkoeffizienten nahe. Er lautet: „Ein signifikanter, linearer Zusammenhang zwischen den zugerechneten sektoralen FuE-Ausgaben und der relativen Veränderung der Bezugskoeffizienten mit oder ohne Endnachfragesektoren war nicht feststellbar" (DIW 1988, S. 20). Genau diese Größe gilt jedoch als Ansatzpunkt, technische Veränderungen in ökonomischen Rechenwerken abzubilden. Auch die Feststellung des Ifo-Teams, daß regressionsanalytisch ein enger Zusammenhang zwischen „Innovationsaufwands-Intensität" und Entwicklung der Arbeitsproduktivität sowie zwischen Produktinnovationsaufwendungen und dem Umsatzanteil von Produkten in der Markteinführungsphase auf Wirtschaftszweigebene besteht (Penzkofer, Schmalholz, Scholz 1989, S. 23), kann nach den dargestellten Meßungenauigkeiten nur eins bedeuten: Dynamische bzw. produktivitätsstarke Industriezweige können sich viel Innovationsaufwand leisten.

4. Ansatzpunkte für eine Verbesserung der Informationsbasis

Wie in den vorangegangenen Abschnitten gezeigt, krankt die empirische Prüfung der Zusammenhänge zwischen Technikentwicklung und Beschäftigung vor allem an der unzureichenden Messung von Veränderungen beim Faktor Technik. Die Kritik, daß die Messung nicht spezifisch genug erfolgt, trifft nicht nur den Ansatz der Technologieverflechtungsmatrizen. Beim traditionellen Ansatz der Messung beim Technikanwender sind die technikorientierten Informationen ebenfalls nicht in der wünschenswerten Form differenziert. Auch die Messung von Technikänderungen an Veränderungen beim Arbeitseinsatz (z. B. betroffene Berufe) (vgl. z. B. Gerstenberger, Schedl, Vogler-Ludwig 1988) hat Schwächen, da sie keine unabhängige Messung der technischen Veränderungen von der Beschäftigung darstellt. Möglichkeiten für eine Verbesserung der Datensituation existieren durchaus, und zwar sowohl bei der Messung von technischen Neuerungen als auch bei der Bestimmung von Technologieverflechtungen.

4.1. Messung von technischen Neuerungen

Bei der Messung von technischen Neuerungen kommt neben der Verbesserung von Erhebungen mit allgemeinen Fragen zu technischen Neuerungen auch die systematische Erfassung der Diffusion konkreter wichtiger Einzeltechnologien in Frage. Die Nutzung der vorhandenen Patentdokumentation bietet einen dritten Ansatzpunkt, der unabhängig von Befragungen wäre.

4.1.1 Erhebungen mit generellen Fragen zur Technikentwicklung

Die Schwachpunkte der Erhebungen mit generellen, sektorübergreifenden Fragen zur Technikentwicklung ergeben sich unmittelbar aus den vorangegangenen Kritikpunkten. Der Aussagewert könnte wesentlich gesteigert werden, wenn es gelänge,

a) die technischen Neuerungen präziser und sektorübergreifend vergleichbar zu definieren, und
b) generelle Informationen zur Technikveränderung sektoral stärker differenziert vorzulegen.

Der Realisierung dieser einfachen Vorschläge stehen erhebliche Schwierigkeiten gegenüber. So hat es Jahre gedauert, sich auf die Frascati-Definition von Ausgaben für Forschung und Entwicklung zu einigen. Für eine stärkere sektorale Differenzierung wäre eine wesentliche Steigerung der Zahl der befragten Unternehmen notwendig, um die Repräsentativität der Ergebnisse zu garantieren. Dies ist im Zeitalter der Statistikmüdigkeit schwierig.

4.1.2 Aufbau eines Beobachtungssystems für wichtige Einzeltechnologien

Die systematische Beobachtung der Diffusion von wichtigen Einzeltechnologien bietet eine Alternative zur Auswertung genereller Fragen zur Technikentwicklung. Ein Demonstrationsbeispiel für die Möglichkeiten dieses Ansatzes bieten die Studien von Ray (Ray 1984, 1988) zur internationalen Diffusion von sechs Technologien, nämlich dem Oxygenstahlverfahren, dem Stranggießen von Stahl, den Tunnelöfen in den Ziegelindustrien, dem Floatglasverfahren, den schützenlosen Webmaschinen und den numerisch gesteuerten Werkzeugmaschinen. Der Ansatz spielt auch bei der Beobachtung der Entwicklung der Informations- und Kommunikationstechnik eine zentrale Rolle (z. B. Diebold-Statistik der Computernutzung, Statistik von Datenstationen). Der Technometrie-Ansatz des ISI-Instituts (Grupp, Hohmeyer, Krupp 1985) zeigt, daß dabei die Weiterentwicklung der einzelnen Technologien im Zeitablauf durchaus sehr differenziert erfaßt werden könnte.

Der Ansatz der Diffusionsbeobachtung spezifischer Technologien hat den Vorteil, daß die technischen Neuerungen präzis definiert sind und die Messung der Diffusion eindeutig und einfach ist. Das Problem liegt in den Schwierigkeiten, mit diesem Ansatz die Entwicklung der Technik flächendeckend abzubilden. Die Schwierigkeiten liegen nicht nur in dem hohen Aufwand für die Informationsbeschaffung. Die systematische Technikbeobachtung auf diesem Weg würde auch ein relativ verläßliches System zur Früherkennung zukunftsträchtiger Technologien voraussetzen. Nur dann könnten junge Technologien rechtzeitig in das Beobachtungssystem aufgenommen werden.

4.1.3 Nutzung von Patentinformationen

Sowohl alternativ als auch komplementär zur Diffusionsbeobachtung kommt die Nutzung der vorhandenen Patentdokumentation für die Konstruktion von Indikatoren für die Technikentwicklung und die Innovationsaktivitäten (vgl. z. B. Pavitt 1985) in Frage. Der Rückgriff auf die Informationsquelle Patent bietet sich aus mehreren Gründen an:

a) Mit der Anmeldung einer Erfindung zum Patent wird der Anspruch erhoben, technisch Neues geschaffen zu haben. Das Prüfungsverfahren sichert, daß es sich dabei um signifikante Veränderungen im Stand der Technik handelt. Die Kosten für den Anmelder rechtfertigen sich nur, wenn eine wirtschaftliche Relevanz zu erwarten ist. So betrachtet, beinhaltet die Patentinformation für sich genommen bereits eine für ökonomische Analysen brauchbare Definition für technische Neuerungen.

b) In den Patentdokumenten schlägt sich die Veränderung des Standes der Technik weltweit nieder. Die Stadien jeder zum Patent angemeldeten Erfindung – Anmeldung, Erteilung, Erneuerung – gestatten eine Messung der internationalen wie nationalen Neuerungsaktivität und des (potentiellen) Imports an neuer Technik nach der Stufe der Konkretisierung. Die Internationale Patentklassifikation bietet ein außerordentlich differenziertes Gerüst für die Ordnung der technischen Veränderungen (über 58 000 Positionen). Der jederzeit mögliche Rückgriff auf den Inhalt der Patentschrift, die Erfinder und das anmeldende Unternehmen erlauben das Verfolgen von Einzelfällen.

Die Grenzen der Patentinformation liegen weniger in den „Qualitätsunterschieden" aufgrund der Unterschiede in den nationalen Patentsystemen. Diese können durch relativ einfache Kriterien überwunden werden (Faust 1987, Schmoch et al. 1988). So hat sich der Indikator „Zahl der Erfindungen mit Patentanmeldung in mindestens zwei Ländern" in verschiedenen Studien als tragfähig zur Messung wirtschaftlich bedeutsamer Veränderungen erwiesen.

Grenzen der Patentinformationen bestehen allerdings darin, daß ein Teil der technischen Neuerungen nicht zum Patent angemeldet wird. Insbesondere im Bereich von produktionstechnischen Neuerungen kann der Schutz einer Erfindung durch Geheimhaltung vorteilhafter sein als der Patentschutz. Bei kurzen Innovationszyklen wie in Teilbereichen der Mikroelektronik kann ebenfalls auf die Sicherung der Verwertung von technischen Neuerungen durch den Patentschutz verzichtet werden (Oppenländer 1984). Die Relevanz dieser Einschränkungen kann, da kein Instrument zur Erfassung aller technisch bedeutsamen Veränderungen existiert, objektiv nicht bewertet werden. Die weltweit rege Patentaktivität in verfahrenstechnischen Bereichen wie in der Mikroelektronik spricht gegen ein erhebliches Gewicht.

Mit der Patentinformation kann der Bereich der Softwareentwicklung und der organisatorischen Neuerungen nicht abgebildet werden.

4.2. Bestimmung der Technologieverflechtungen

Während bei einem Beobachtungssystem der Diffusion von speziellen Technologien die Zuordnung der Technikanwender und die Messung des Verbreitungsgrades Bestandteil des Systems sind, könnte im Fall der allgemeinen Erhebungen von technischen Neuerungen die jeweilige Technikänderung durch Erfassung des Anwenderbereichs zusätzlich qualifiziert werden. Einen prinzipiell gangbaren Weg zur Lösung des Verflechtungsproblems auf der Basis von Patentinformationen hat Scherer (Scherer 1981) aufgezeigt. Die sektorale Zuordnung anhand einer Auswertung des Inhalts der Patentschrift ist zwar wohl der exakteste Weg zur Bestimmung von Technologieverflechtungen, aber auch der aufwendigste.

Weniger exakte, aber auch preiswertere Möglichkeiten zur Bestimmung von Technikgeber/-nehmermatrizen ergeben sich aus der Nutzung des Informationsgehaltes der Patentklassifikationen. Die Alternativen reichen von der mehr oder minder schematischen Zuordnung von IPC-Positionen zu den Gruppierungen nach der Wirtschaftszweig-Systematik bis hin zur systematischen Auswertung der anmeldenden Unternehmen (Greif, Potkowik 1989). Durch die Durchleuchtung der auf bestimmten Technikfeldern aktiven Unternehmen ließen sich sehr detailliert technisch verflochtene Wirtschaftssektoren identifizieren und in der Veränderung ihrer Verflechtungen verfolgen.

Literatur

DIW Deutsches Institut für Wirtschaftsforschung (1988): Sektorale und gesamtwirtschaftliche Beschäftigungswirkungen moderner Technologien, Band I und II, Berlin.

Faust, K. (1987): Früherkennung technischer Entwicklungen auf der Basis von Patentdaten. Ifo-Studien zur Strukturforschung Nr. 9, München.

Gerstenberger, W., Schedl, H., Vogler-Ludwig, K. (1988): Investitionen, Beschäftigung und Produktivität. Ifo-Studien zur Strukturforschung Nr. 10, München.

Greif, S., Potkowik, G. (1989): Zusammenführung der internationalen Patentklassifikation und der Systematik der Wirtschaftszweige, München.

Grupp, H., Hohmeyer, O., Krupp, H., (1985): Technische Leistungsfähigkeit im Bereich hochtechnischer Produkte, FhG-ISI, Karlsruhe.

Ifo/ISI/Infratest (1980): Technischer Fortschritt — Auswirkungen auf Wirtschaft und Arbeitsmarkt, Schriftenreihe des Ifo-Instituts für Wirtschaftsforschung Nr. 106, Berlin — München.

Kalmbach, P. (1991): Input-Output-Modelle zur Untersuchung der Beschäftigungseffekte neuer Technologien: Möglichkeiten und Grenzen, in diesem Band.

Oppenländer, K. H. (1976): Investitionsinduzierter technischer Fortschritt. Berechnung und Analyse für die verarbeitende Industrie der BRD, Schriftenreihe des Ifo-Instituts für Wirtschaftsforschung Nr. 88, Berlin — München.

Oppenländer, K. H. (Hrsg.) (1984): Patentwesen, technischer Fortschritt und Wettbewerb, Berlin — München.

Pavitt, K. (1985): Patent Statistics as Indicators of Innovation Activities: Possibilities and Problems, Scientometrics, Vol. 7, No. 1–2, S. 77–99.

Penzkofer, H., Schmalholz, H., Scholz, L. (1988): Innovation, Wachstum und Beschäftigung. Einzelwirtschaftliche, sektorale und intersektorale Innovationsaktivitäten und ihre Auswirkungen auf die deutsche Wirtschaft in den achtziger Jahren, Gutachten des Ifo-Instituts für Wirtschaftsforschung im Rahmen der Meta-Studie II, München.

Penzkofer, H., Schmalholz, H., Scholz, L. (1989): Innovation, Wachstum und Beschäftigung, in: Ifo-Schnelldienst Nr. 1–2, S. 14–23.

Ray, G. F. (1984): The Diffusion of Mature Technologies, Cambridge-London-New York-Melbourne.

Ray, G. F. (1988): The Diffusion of Innovations: An Update, in: National Institute Economic Review, November.

Scherer, F. M. (1981): Inter-industry Technology Flows in the United States, in: Research Policy, Vol. 11, S. 227–246.

Schmoch, U., Grupp, H., Mannsbart, W., Switalla, B. (1988): Technikprognosen mit Patentindikatoren. Zur Einschätzung zukünftiger Entwicklungen bei Industrierobotern, Lasern, Solargeneratoren und immobilisierten Enzymen, Köln.

XII. Angewandte Methoden – Restriktionen und Aussagewert: Zusammenfassung der Diskussion

N. Blattner

1. Diskussion des Referats Blattner

In einem ersten Teil der Diskussion wurden vor allem die Modellannahmen besprochen. So wurde darauf hingewiesen, daß der im Modell eingeführte absolute Rückgang der Grenzproduktivität einer bestimmten Kategorie von Arbeit infolge des technischen Fortschritts als sehr unwahrscheinlich zu gelten habe. Allerdings wurde wiederum betont, daß bereits Wicksell diesen Fall benutzt habe, damals sogar für die Gesamtheit des Faktors Arbeit im Vergleich zum Kapital. Auch bei Wicksell findet sich die Aussage, daß nur absolute Reallohnsenkungen zur Vollbeschäftigung zurückführen können. Wie relevant der Fall einer „starken" Nichtneutralität des technischen Fortschritts ist, muß im Einzelfall beurteilt werden. Immerhin ist nicht zu erwarten, daß der technische Fortschritt gegenüber der Gesamtheit der Arbeit absolut produktivitätvermindernd wirkt. Dafür sprechen auch die historischen Beobachtungen keinesfalls.

Es wurde auch betont, daß durch Produktinnovationen die Verbindung zu den Kosten gelockert wird. Produktinnovationen können zweifellos dazu beitragen, daß das Bedürfnis nach Faktorpreisflexibilität vermindert wird. Das Modell läßt dies bereits erkennen, wo auf die Bedeutung der Produktinnovationen für die Überwindung der Sättigung und somit für das Arbeitsangebotsverhalten eingegangen wird.

Überhaupt führt die Analyse insgesamt zu einer klaren Relativierung von absoluten Reallohnsenkungen als Vorbedingung für die Aufrechterhaltung von Vollbeschäftigung. Da technischer Fortschritt wohl nur selten und höchstens bezogen auf einzelne Kategorien von Arbeit zu absoluten Verminderungen der Arbeitsproduktivität führen wird, ist ein Rückgang der Lohnsätze nur im Ausnahmefall nötig. Andererseits zeigt das Modell aber auch, daß selbst bei einem Ausbleiben „starker" Nichtneutralität des technischen Fortschritts immerhin die relativen Einkommenspositionen flexibel sein müssen, wenn der technische Fortschritt mit Vollbeschäftigung einhergehen soll.

Die Bemerkung, daß im Modell die Transfereinkommen und insbesondere die Tatsache der progressiven Besteuerung nicht erfaßt worden seien, führt zu einer ergänzenden Feststellung: Grundsätzlich läßt das Modell auch die

Berücksichtigung dieser Zusammenhänge zu. Zu erwarten ist, daß dann, wenn eine progressive Lohnbesteuerung eine wesentliche Verminderung der Arbeitsanreize auslöst, die Kompensationseffekte im Zuge des technischen Fortschritts reduziert werden. Die vom technischen Fortschritt begünstigten Faktoren werden aus steuerlichen Gründen nur vermindert zur Einsatzsteigerung angeregt. Der positive Effekt auf den Output bleibt klein, und entsprechend gering fallen die abgeleiteten Nachfrageeffekte bei den vom technischen Fortschritt weniger begünstigten Faktorenkategorien aus.

Im Zusammenhang mit der Auseinandersetzung mit den theoretischen Grundlagen wurde zusätzlich darauf hingewiesen, daß man unterschiedliche Perspektiven unterscheiden müsse. Die klassischen Modelle betonen vor allem den Stellenwert der Kapitalakkumulation, wenn es um die Beschäftigungsfolgen des technischen Fortschritts bzw. um das Ausmaß der möglichen Kompensation geht. Aus neoklassischer Sicht werden hingegen vor allem flexible Faktor- und Güterpreise als Voraussetzung für ein Ausbleiben von Arbeitslosigkeit unterstrichen. Vollbeschäftigung ist auch ohne Wachstum möglich. Ein realitätsbezogenes Modell sollte beiden Perspektiven gerecht werden.

In Ergänzung zu den methodischen Fragen wurde die Funktion eines Modells, wie es von Blattner präsentiert worden ist, erörtert. Es ergab sich ein Konsens, wonach ein theoretisches Raster, welches im erwähnten Sinne allgemein formuliert sein sollte, eine sehr zweckmäßige Grundlage für eine systematische Auswertung der Ergebnisse der Meta-II-Studie sein würde. Ein solches Raster läßt erstens erkennen, welche Zusammenhänge bei der Untersuchung der Beschäftigungswirkungen insgesamt zu berücksichtigen sind. Zudem läßt sich feststellen, welches die Voraussetzungen für den einen oder anderen Ausgang der Innovation sind. Somit wird auch erkennbar, welche Fragen empirisch in erster Linie zu beantworten sind. Die Anwendung eines entsprechenden Rasters auf die Meta-II-Studie würde endlich eine abschließende Identifikation von offenen Problemen und eine bessere Gesamtwertung zulassen, als dies bisher möglich gewesen ist.

2. Diskussion der Referate Kalmbach und Gerstenberger

Auch hier wurde den Methodenfragen sehr viel Aufmerksamkeit gewidmet. Die Input-Output-Analyse (IOA) dient ebenso wie das Konzept der Technologieverflechtungsmatrizen der Abbildung der Zusammenhänge zwischen dem einzelwirtschaftlichen Phänomen der Innovation bzw. Technikanwendung und ihren Weiterungen auf der Stufe der Industriezweige bzw. der Volkswirtschaft als Ganzes. Ist es gelungen, die mit der Meta-II-Studie angestrebte Brücke zwischen der Mikro- und der Makroebene zu schlagen? Ist mit diesen Ansätzen ein wesentlicher Fortschritt erzielt worden? – Trotz der in den Referaten zum Ausdruck gebrachten Kritik (inkl. reichlicher Selbstkritik) lassen sich verschiedene positive Feststellungen treffen. Wie bereits in der vorherigen Diskussion deutlich geworden ist, lassen sich die Folgen des technischen Fortschritts kaum partiell erkennen. Nicht selten sind die Hauptwirkungen des technischen Fortschritts nicht in der unmittelbaren Anwendung zu finden, sondern haben den Charakter von Ausstrahlungseffekten, d. h., sie sind indirekt. Die IOA ist das einzige Instrument, das eine praktikable Umsetzung eines allgemeinen theoretischen Modells ermöglicht. Die Mängel sind nicht letal, auch wenn sie schmerzen.

Eine besondere Schwachstelle ist zweifellos in der Bestimmung der technischen Koeffizienten zu erblicken. Der soziologisch orientierte Technikfolgenforscher weist immer wieder darauf hin, daß die Wirkungen einer gegebenen Technik je nach organisatorischer Implementation ganz verschieden ausfallen können. In der IOA muß sich der Forscher dann aber für einen ganz bestimmten Koeffizienten entscheiden, obwohl er weiß, daß eine derart eindeutige Festlegung eigentlich nicht möglich ist. Von daher gesehen müßte das Instrument zweifellos in Zukunft noch flexibilisiert werden.

Was die Technologieverflechtungsmatrizen betrifft, stellt sich bei ihnen ein fundamentales Datenproblem. Wenn die Variablen, mit welchen gearbeitet werden muß, zur Abbildung von Technik schlecht geeignet sind, reduziert sich selbstverständlich auch der Nutzen der an sich sehr willkommenen Matrizen. Der Forscher hat also auch hier kritisch an die Datenbasis heranzugehen, bevor er weitreichende Arbeiten leistet.

Von erheblicher Tragweite ist schließlich die Frage, ob die Ökonomie wirklich das Scharnier zwischen Technik und Beschäftigung ist. Einerseits lassen sich Innovationen beobachten, deren unmittelbare wirtschaftliche Begründung nicht ohne weiteres erkennbar ist. Andererseits gibt es zweifellos auch direkte Bezüge zwischen Veränderungen der Technik und der Beschäftigung. Hier ist an die unmittelbaren Beschäftigungseffekte der Innovationen zu denken. In der Technologieverflechtungsmatrix ebenso wie in der IOA, ja in der gesamten ökonomischen Diskussion wird diese Scharnierfunktion des wirtschaftlichen Modells als selbstverständlich unterstellt. Daraus können sich Gefahren ergeben, die insbesondere dann ein großes Gewicht einnehmen, wenn weniger die längerfristigen als vielmehr die kurzfristigen Technikfolgen in den Vordergrund gestellt werden.

D. Innovation und Arbeitsmarkt – Zwei spezifische Betrachtungen

XIII. Arbeitsmarkt versus Beschäftigung: Die mangelnde Differenzierung von Arbeitsmarktwirkungen und Beschäftigungswirkungen in der Meta-Studie, insbesondere im Bericht des WZB

W. Dostal

1. Innovation und Arbeitsmarkt

Im Forschungsfeld Innovation und Arbeitsmarkt gibt es drei Betrachtungsrichtungen, von denen eine dominant ist. Dies ist jene, die Innovationen und Beschäftigtenstand in Beziehung bringt. Hier sind Arbeitsmarktüberlegungen durchaus peripher. Die zweite Betrachtung umfaßt die Arbeitsmarktbewegungen, also die Dynamik auf dem Arbeitsmarkt, die durch Innovationen ausgelöst ist. Die dritte Betrachtungsweise berücksichtigt vor allem die Anwendung einer speziellen Innovation und fragt, ob die Hilfsmittel der Informationstechnik in der Lage sind, die Arbeitsmarktvorgänge transparenter zu machen und möglicherweise zu beschleunigen. Daneben gibt es noch einen vierten Aspekt, der allerdings häufig belächelt wird, da noch nicht genügend untersucht worden ist, inwieweit sich Innovationen auf das Arbeitskräfteangebot auswirken.

Diese Frage der Wirkungen von Innovationen auf das Arbeitskräftepotential zeigt anschaulich die Distanz zwischen Beschäftigungswirkungen und Arbeitsmarktwirkungen. Werden derartige Potentialwirkungen mitberücksichtigt, dann sind die vollständigen Arbeitsmarktwirkungen erfaßbar, werden diese nicht berücksichtigt, dann dominieren lediglich die Beschäftigungsstrukturen, die aufgrund der Bedarfslage definiert worden sind.

Obwohl die Meta-Studie den Begriff der Arbeitsmarktwirkungen im Titel führt, waren in der Ausschreibung derartige potentialorientierte Untersuchungen nicht vorgesehen. Damit ergibt sich eine Diskrepanz zwischen dem Titel der Studie und der inhaltlichen Ausgestaltung, die bereits durch die Ausschreibung impliziert wurde.

Dies entspricht übrigens durchaus der Behandlung dieses Themas in der wissenschaftlichen Diskussion.

Potentialbetrachtungen sind heute wesentliches Element von Emanzipationsstudien, in denen der Frage nachgegangen wird, inwieweit technische Hilfen die Erwerbsmöglichkeiten insbesondere von Frauen erleichtern können und welche Arbeitsstrukturen, möglicherweise unterstützt durch entsprechende Technik, die Vereinbarkeit von Erwerbsarbeit mit sonstigen Pflichten erleichtern und damit das Arbeitskräftepotential anwachsen lassen. Aber auch globale Überlegungen sind denkbar, die Veränderungen im Lebensstil aufgrund von technischen Innovationen zum Inhalt haben und die dann als Sekundäreffekt eine neue Allokation von Arbeit und Nichtarbeit, möglicherweise eine Integration beider Bereiche bewirken.

Dieses Thema ist bisher nur im Rahmen der Telearbeitsdiskussion angesprochen worden und harrt noch weiterer Vertiefung. Leider hat sich die Diskussion um die Telearbeit in den rechtlichen und tarifbezogenen Bereich verlagert. Hier zeigt sich, daß unser Erwerbssystem insgesamt auf abhängige räumlich und zeitlich fixierte Erwerbsarbeit abgestimmt ist, und daß neue Arbeitsformen in diese starren Rahmenbedingungen nicht integriert werden können bzw. ihre Integration erhebliche Probleme verursacht. Hier dürften soziale Innovationen erforderlich sein, um die Arbeitsleistung variabler zu gestalten.

Im folgenden werden lediglich die Betrachtungen vertieft, die sich auf die Zusammenhänge zwischen Innovation und Beschäftigung und auf die Arbeitsmarktdynamik beziehen. Die Frage, inwieweit innovative Technik als Arbeitsmarktinstrument verwendet wird, ist in der Meta-Studie nicht behandelt worden. Hier deuten sich im Rahmen der Computerisierung der Arbeitsverwaltung interessante Veränderungen an, die ebenfalls einer wissenschaftlichen Begleitung und Bilanzierung bedürfen. Allerdings ist dies kein Thema für eine globale Meta-Studie, sondern eher für Einzelstudien innerhalb und am Rande des Arbeitsmarktes. Die bisherigen Erkenntnisse in diesem Bereich zeigen, daß relativ eindeutig definier- und beobachtbare Vorgänge, wie beispielsweise die Arbeitsvermittlung, werden sie maschinell durchgeführt, zu ganz erheblichen Problemen in der Interpretation der Ausgangsdaten und der Zuordnung der Daten untereinander führen, und daß deshalb die maschinelle Intelligenz in der heute vorliegenden, relativ starren Struktur für derartige Aufgaben offensichtlich noch nicht einsetzbar ist. Hier werden neue flexiblere Anwendungsformen der Informationstechnik wie beispielsweise Expertensysteme von besonderer Bedeutung sein.

2. Arbeitsmarktwirkungen und Beschäftigungswirkungen

Im Bericht des WZB wird von vorneherein zugegeben, daß nicht alle Arbeitsmarktaspekte abgehandelt werden konnten. Der Bericht schließt mit der folgenden Aussage: „Eine Ergänzung der vorliegenden Analyse von Innovationen und Arbeitsmarktdynamik könnte das Bild von den Arbeitsmarktwirkungen moderner Technologien noch weiter abrunden.“ (WZB 1988, S. 264). Diese Abrundung konnte also in der Studie nicht voll geleistet werden. Die Studie ist in zehn Kapitel aufgegliedert, von denen nur einige wenige wirklich den Zusammenhang zwischen Arbeitsmarktdynamik und Innovation behandeln. Der Zusammenhang zwischen der Innovation und der Arbeitsmarktdynamik wird sehr viel weniger behandelt als die Arbeitsmarktdynamik selbst. Dies ist verständlich, weil es auf dem Gebiet der Arbeitsmarktdynamik weit mehr Forschungsergebnisse gibt als auf dem Gebiet des Zusammenhanges von Innovation und Beschäftigung. Allerdings sind im WZB-Bericht über IAB-Patente hinaus (Mertens 1988) keine weiteren Ergebnisse erkennbar. Es werden die drei wesentlichen Forschungsrichtungen des IAB nur referiert:

– Arbeitskräftegesamtrechnung,
– Arbeitsvolumenrechnung,
– Arbeitsmittelbetrachtung sowie die Neustrukturierung von Berufen.

Über diese Ansätze, wie sie im IAB und im BIBB verfolgt werden, referiert die WZB-Studie ausführlich, sie hat aber keine Ausweitungen vorgenommen. Zwar werden einige zusätzliche Komponenten des Arbeitsmarktes in der WZB-Studie aufgeführt, wie der Organisationsgrad, der Regelungsgrad der Erwerbsarbeit insgesamt oder spezieller Situationen in der Erwerbstätigkeit, doch die mehr innovationsbezogenen Zusammenhänge und Veränderungen im Arbeitsmarkt sind hier nicht weiter angesprochen und schon gar nicht isoliert. Die Studie betrachtet vor allem das Arbeitslosigkeitszugangsrisiko, das durch spezifische technische Veränderungen eintritt. Nach dieser Sichtweise ist Technik also Auslöser dafür, daß Personen arbeitslos werden. Dies wird differenziert nach den traditionellen ökonomischen Kriterien wie Wirtschaftszweig und Qualifikationsebene. Aus diesem Grunde sind auch die Erkenntnisse, die diese Studie liefert, wenig innovativ, denn diese Zusammenhänge sind, bezogen auf Bestandsgrößen, schon seit jeher Gegenstand von Technik/Beschäftigungsabschätzungen. Die Zusammenhänge zwischen Technik bzw. Innovation und Arbeitsmarktdynamik werden auch in dieser Studie im wesentlichen über die Beschäftigung, d. h. über Bilanzveränderungen bei der Beschäftigung abgehandelt.

Die Personalunion des WZB, einerseits als Abstimmungsteam, andererseits als Bearbeiter einer spezifischen integrativen Zusammenschau, hätte dieses Team prädestiniert, die einzelnen Ansätze und Ergebnisse aller Projektbearbeiter aus der Sicht der Arbeitsmarktbewegungen zusammenzufassen. Diese Möglichkeit hat aber das WZB-Team nicht genutzt. Es ist ungeklärt, ob dies daran lag, daß keine erprobten Methoden zur Verfügung standen, oder ob dies Ergebnis einer Doppelbelastung war, bei der die Abstimmung Priorität hatte.

Offenbar ist die grundsätzliche Möglichkeit der Integration von Innovation auf der einen Seite und Arbeitsmarktvorgängen auf der anderen Seite bislang nicht genügend geklärt. Diese zentrale Aufgabenstellung für die Meta-Studie stellt sich bei der WZB-Studie in besonderem Maße. Es wäre deshalb viel besser gewesen, den Begriff Arbeitsmarktwirkungen durch den Begriff Beschäftigungswirkungen zu ersetzen, da für die umfassende Behandlung der Arbeitsmarktwirkungen eine wesentliche Ausweitung der gesamten Meta-Studie notwendig gewesen wäre. Dies war so nicht beabsichtigt wie dies auch an der Ausschreibung der Einzelstudien erkennbar ist, in denen sämtlich die Beschäftigung und nicht der Arbeitsmarkt im Vordergrund steht. So hat das WZB als einziges Institut die sehr komplexe Aufgabe erhalten, von der Beschäftigung auf den Arbeitsmarkt umzusteigen und dies unter der besonderen Berücksichtigung der Technikwirkungen.

Die Thematik der WZB-Studie ist von Anfang an kaum sauber geklärt worden. Die WZB-Studie hatte zunächst einen anderen Titel. Vorgesehen war „Die Prüfung und Gestaltung einer langfristigen Arbeitsmarktberichterstattung im Umfeld neuer Technologien", was dann später auf den Titel „Innovation und Arbeitsmarktdynamik" reduziert wurde. Weiterhin war es problematisch, daß diese Arbeitsmarktstudie auch nicht nachträglich in die vier Module eingebunden wurde. Von Anfang an konnte dies nicht erfolgen, da diese Studie ja erst später zu den bereits untereinander abgestimmten Arbeitspaketen hinzukam.

3. Arbeitslosigkeitszugangsrisiko als Folge technischer Innovationen

Das grundsätzliche Ergebnis dieser Arbeitsmarktstudie läßt sich wie folgt zusammenfassen:

Das Beschäftigungsrisiko, das in den übrigen Studien erfaßt worden ist, manifestiert sich genauso im Arbeitslosigkeitszugangsrisiko. Mit dieser methodischen Übertragung von Beschäftigungs- auf Arbeitslosigkeitszugangsrisiko ist auch schon die Brücke von der Beschäftigung zum Arbeitsmarkt gebahnt. Die andere Seite, d. h. der Strom aus der Arbeitslosigkeit in die Beschäftigung und, im Sinne der Arbeitskräftegesamtrechnung ergänzt durch die Ströme in die Erwerbstätigkeit aus anderen Quellen, das sind im wesentlichen Ausbildung und Nichterwerbstätigkeit, ist in der Arbeitsmarktstudie nicht behandelt worden. Diese Ströme müßten ebenfalls vor dem Hintergrund innovativer Aktivitäten nach Richtung und Intensität gemessen und zugeordnet werden.

Dieses Ungleichgewicht in der WZB-Studie ist Ergebnis desselben Ungleichgewichtes in der Datenerfassung. Es gibt zwar eine ausführliche Statistik sowohl für Zu- als auch für Abgänge in Arbeitslosigkeit, die Abgangsdaten sind aber bei weitem nicht so differenziert wie die Zugangsdaten. Dazu kommt, daß die WZB-Studie diese Daten aus der Bewegungsstatistik nicht berücksichtigt, sondern nur die Bestandsdaten aus der Arbeitslosenstatistik. Der adäquate Weg, zu den relevanten Informationen zu kommen, wäre gewesen, die Zu- und Abgangsstatistik der Bundesanstalt für Arbeit zu benutzen und sie durch zusätzliche empirische Untersuchungen noch anzureichern, da nicht alle Informationen, die hier relevant sind (insbesondere die Zu- und Abgänge in die Stille Reserve), in dieser BA-Geschäftsstatistik auftauchen. Dieses breite Konzept hätte dann auch für eine langfristige Berichterstattung über Arbeitsmarktfolgen technischer Veränderungen die Basis sein können.

Ganz wesentlich in diesem Zusammenhang wäre die Frage, wie Erwerbspersonen – seien sie beschäftigt, arbeitslos oder sonstwie nicht beschäftigt –, vor dem Hintergrund einer Arbeitswelt, die durch Innovationen und neue Technologien geprägt ist, selektiert werden. Die Fragen des Verbleibs in Arbeitslosigkeit oder der Wiederbeschäftigung müssen ergänzend zu dem Arbeitslosigkeitszugangsrisiko geklärt werden, um die Arbeitsmarktvorgänge in ihrer Gesamtheit abdecken zu können. Der Zugang in die Arbeitslosigkeit beschreibt nur die negativen Effekte neuer Techniken, während die Möglichkeiten einer Wiederbeschäftigung nur in einer Arbeitslosenabgangsrechnung deutlich würde. Im Sinne einer umfassenden Sichtweise des technischen Wandels wäre es deshalb notwendig gewesen, auch diese Arbeitslosigkeitsabgangsrechnung in den Vordergrund zu schieben, um hier die Chancen neuer Techniken deutlich zu machen und die Bedingungen aufzuzeigen, unter denen derartige Wieder- oder Neubeschäftigung möglich ist.

Es ist allerdings auch möglich, den Bestand an Arbeitslosen als sogenannten Bodensatz zu interpretieren, also als diejenigen Personen, die arbeitslos geworden sind und dann länger arbeitslos bleiben, weil ihre Wiedereingliederung besonders schwierig ist. Damit sind Auswertungen von Arbeitslosenbeständen insbesondere nach der Dauer der Arbeitslosigkeit durchaus relevant für die hier anstehende Frage. Diese Interpretation ist aber vom WZB nicht vorgenommen worden, da hier der Arbeitslosigkeitszugang im Vordergrund stand.

Problematisch bei der WZB-Betrachtung ist weiterhin, daß die Arbeitslosigkeitsrisiken eigentlich nur eindimensional auf Qualifikationsdefizite abgestellt und die anderen Aspekte für wenig bedeutsam eingeschätzt werden.

Bei der Mikro-Makro-Betrachtung spielen wirtschaftszweigbezogene Informationen eine ganz besondere Rolle. Diese Wirtschaftszweigzuordnung ist auf dem Weg von der Erwerbstätigkeit in die Arbeitslosigkeit noch nachvollziehbar. Der Wirtschaftszweigbezug geht aber bei längerdauernder Arbeitslosigkeit verloren, was in der Arbeitsmarktstatistik dadurch nachvollzogen wird, daß bei Arbeitslosen, die länger als ein halbes Jahr arbeitslos sind, der Wirtschaftszweigbezug gelöscht wird. Auch Personen, die nicht aus der Erwerbstätigkeit in die Arbeitslosigkeit kommen, sei es, daß sie aus einer Ausbildung, sei es, daß sie aus einer sonstigen Nichterwerbstätigkeit stammen, können ebenfalls keinem Wirtschaftszweig zugeordnet werden. Beim Zugang in die Erwerbstätigkeit allerdings ergibt sich bei allen Personen diese Wirtschaftszweigzuordnung. Auch aus diesem Grunde wäre es wiederum sehr sinnvoll gewesen, im Sinne einer Meta-Verknüpfung die Zu- und Abgangsstatistik über die Arbeitslosigkeit und nicht die Bestandsstatistik zu verwenden.

4. Zusammenfassung

Die mangelnde Differenzierung von Arbeitsmarkt- und Beschäftigungswirkungen bedeutet für die Meta-Studie eine erhebliche Einschränkung. Die nachträgliche Beauftragung des WZB mit der Koordination und mit einer speziellen Arbeitsmarktstudie hätte dieses Manko abmildern sollen, doch ist dies leider nicht gelungen. Folgende Gründe waren dafür verantwortlich:

- Die Themenabgrenzungen der Forschungsarbeiten waren auf Beschäftigung und nicht auf Arbeitsmarkt ausgerichtet, auch wenn das Globalthema den Begriff „Arbeitsmarkt" enthielt.
- Das WZB hat nur die Betrachtung des Arbeitslosigkeitszugangsrisikos vertieft, nicht die Abgänge aus Arbeitslosigkeit und nicht die Potentialeffekte technischer Innovationen.

Literatur

Mertens, D. (Hrsg.) (1988): Konzepte der Arbeitsmarkt- und Berufsforschung. Eine Forschungsinventur des IAB. 3. erw. u. überarb. Aufl., Nürnberg (BeitrAB 70).

WZB (1988): Innovations- und Arbeitsmarktdynamik. Endbericht zu den WZB/AMB-Forschungen im Rahmen der Meta-II-Studie, Berlin.

XIV. Die Zeit als zunehmend knapper und strategischer Erfolgsfaktor

W. Gruhler

Unternehmenserfolg und damit verbundene neue – zumindest aber sicherere Arbeitsplätze – beruhen langfristig auf Wettbewerbsvorteilen, die sich gegenüber Konkurrenten behaupten lassen. Jene Wettbewerbsvorteile lassen sich auf zwei Grundtypen zurückführen: 1. die Kostenführerschaft und 2. die Differenzierung.

Mit der ersten Strategie lassen sich häufig im Wege der Economies of scale hohe Gewinne durch preisliche Unterbietung, hohe Umsätze und hohe Marktanteile erwirtschaften. Das Resultat der zweiten Strategievariante, den Economies of scope, sind hohe Preise und damit Deckungsbeiträge und Gewinne bei kleineren Umsätzen und Marktanteilen. Schließlich ist auch eine Kombination aus niedrigeren Kosten und einem gewissen Grad an Differenzierung denkbar. Spezifische Marktnischen lassen sich auf diesem Wege etablieren. Ein Unternehmen, das dazu in der Lage ist, niedrige Kosten und hochgradige Produktdifferenzierung zu kombinieren, sollte in der Lage sein, den Zielmarkt in einem Maße zu beherrschen, wie dies heute nur noch selten möglich ist. Doch ist jene Strategie nicht einfach zu verwirklichen, da im Grunde zwei arteigene Spezifika miteinander zusammengespannt werden müssen.

Die genannten zwei (vielleicht auch einmal drei) unternehmensstrategischen Grundtypen sind ohne Innovationen nicht zu verwirklichen. Ohne ihren Einsatz kann das unternehmerische Zielniveau allenfalls kurzfristig durch eine Optimierung bzw. bessere operative Feinabstimmung der bisherigen Aktivitäten verbessert werden, was der mit b bezeichnete Kurvenverlauf (in Schaubild 1) abbildet. Die operative Feinabstimmung reicht freilich nicht aus, um deutlich und nachhaltig den Unternehmenserfolg zu sichern. Neben die operative Optimierung hat noch die innovative Strategie zu treten. Innovationen in neue Produkte/Marktbereiche oder in neue Verfahren haben die noch verbleibende strategisch-innovative Lücke zwischen den Kurven b und c zu schließen.

Im Falle der angestrebten Kostenführerschaft bedarf es dazu der *Prozeßinnovation;* im Falle der Differenzierungs- oder der Nischenstrategie wird *Produktinnovation* erforderlich. Diese Innovationen – und damit sind wir beim Kernpunkt der Thematik – müssen rechtzeitig ins Werk gesetzt werden. D. h., es

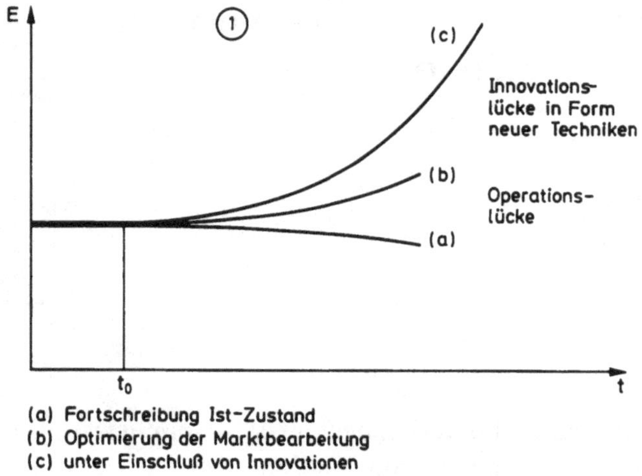

Schaubild 1.
Quelle: In Anlehnung an Groß (1988), S. 149.

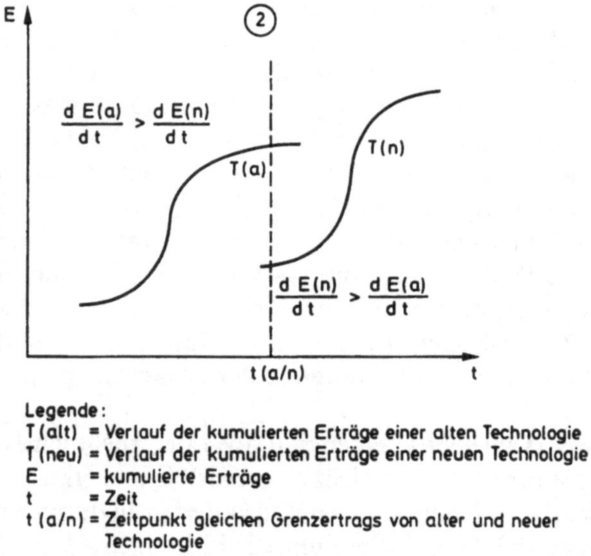

Schaubild 2.
Quelle: Groß (1988) S. 153.

geht um die Optimierung des entsprechenden Produkt- oder auch Prozeßportfolio-Mix. Anders ausgedrückt, der Grenzertrag der Folgetechnologie bedarf des Anschlusses an den Grenzertrag der vorlaufenden Technologie (vgl. Schaubild 2).

Dem Management stellt sich damit ein doppeltes Problem, dessen Bewältigung für den Unternehmenserfolg von erheblicher Bedeutung ist:

1. die Selektion der geeigneten Innovationsstrategie, d. h. die Auswahl der spezifischen Prozeß- und Produktinnovationen;
2. die Bewältigung des Timing, mithin des Zeitfaktors.

Unterstellt sei, daß das erste Problem, die Auswahl der geeigneten Innovationen und ihre Konkretisierung, gelöst ist. Auf der Agenda verbleibt insofern die zeitliche Dimension und die damit verbundenen Implikationen.

Die Unternehmen stehen hierbei vor einem wachsenden Dilemma, welches Bleicher als die sich zunehmend öffnende Zeitschere bezeichnet (Bleicher 1989, S. 24 f). Jenes Dilemma ergibt sich aus zwei gegenläufigen Entwicklungen:

1. der wachsenden Komplexität der Umfeldbedingungen und damit auch tendenziell verlängerter Reaktionszeiten (z. B. der innovativen Entstehungsphasen),
2. der Notwendigkeit erheblich kürzerer Reaktionszeiten (z. B. kürzerer innovativer Sequenzen infolge sich verringernder Produktlebenszyklen, s. Schaubild 3).

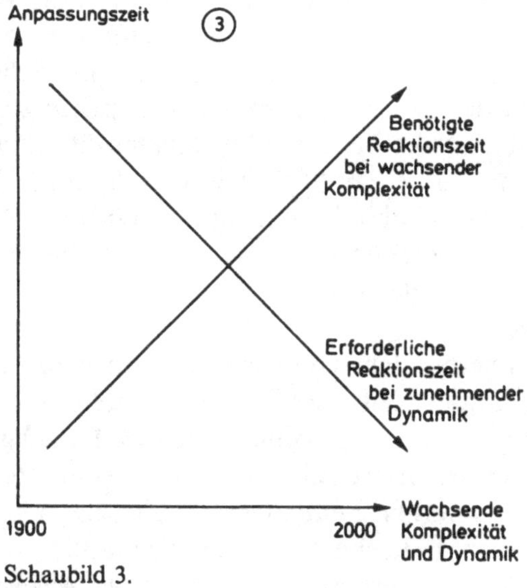

Schaubild 3.
Quelle: Bleicher (1989) S. 25.

Die Aktions- und Reaktionsfähigkeit der Unternehmen wird zum Wettbewerbsparameter. Der Zeitfaktor gerät danach gleichermaßen zum „Hauptschlachtfeld wie zum Waffensystem im Wettbewerb" (Peters 1989, S. 27). Die japanischen Unternehmen haben diesen Zusammenhang schon früh erkannt und daraus die entsprechenden Konsequenzen gezogen. So besteht ihr besonderer Wettbewerbsvorteil darin, neue Produkte in kürzerer Zeit zu entwickeln und in den Markt zu bringen. Beispielsweise ist Honda dazu in der Lage, eine neue PKW-

Modellreihe im Vergleich zu den drei großen US-Automobilproduzenten in der halben Zeit zu entwickeln (Peters, ebenda). Damit zahlt sich die jahrelange japanische Arbeit an der Verringerung der Entwicklungszeiten aus. Als Just-in-Time-Design-Konzept werden sie in den nächsten Jahren im Kampf um die Spitze nicht nur im Weltautomobilbau aggressiv eingesetzt werden (Pfeiffer, Weiß 1988).

Je höher die Änderungsgeschwindigkeit in einem Markt ist, desto wichtiger wird der Wettlauf gegen die Zeit bzw. gegen die Konkurrenz. Mit welchen durchschnittlichen Innovationszyklen um die Mitte der 80er Jahre in der deutschen Industrie gerechnet werden konnte, ist in etwa aufgrund einer Ifo-Befragung im Rahmen des Innovationstests abzuschätzen. Die Entstehungsphase betrug demnach im Industriedurchschnitt rund 2,5 Jahre, während der Markt- oder Produktlebenszyklus knapp doppelt so hoch zu veranschlagen war.

Während über die Kontraktion des Produktlebenszyklus weitgehend Einigkeit herrscht, gibt es unterschiedliche Meinungen zur Entwicklung der Entstehungsphase. Ifo ging bei der seinerzeitigen Untersuchung von einer doppelten Kontraktion aus, d. h. einer zeitlichen Verkürzung sowohl in der Entstehungsphase wie des Produktlebenszyklus. Andere Autoren und auch der Verfasser sehen für ersteres keine bestätigenden Indizien. In gewissen Bereichen sind eher Tendenzen einer Expansion der innovativen Entstehungsphase zu vermerken. So steigt jedenfalls das Kostenrisiko bei den Marktzyklusgütern erheblich an, wie anhand der Chip-Technologie exemplifiziert werden kann. Z. B. lagen die Entwicklungskosten für den 64-Kilobit-Chip noch bei 200 Mio. DM. Für den 4-Megabit-Chip betrugen sie nach Angaben des Hauses Siemens rund 1,4 Mrd. DM. Das Wiedereinspielen der hohen Vorleistungen wird damit immer schwieriger und ungewisser.

Auch von mit der Praxis verbundenen Wissenschaftlern wird darauf hingewiesen, daß die sog. Opportunitätskosten der Zeit selten explizit oder zutreffend berechnet und berücksichtigt werden (vgl. Simon 1989, S. 122). Verzögert sich nämlich die Einführung eines neuen Produkts um einen bestimmten Zeitraum, so kann jener durch den Zeitverlust „entgangene" Umsatz oder Ertrag als Wert der Opportunitätskosten bezeichnet werden. Schaubild 4 verdeutlicht am Beispiel eines neues Pharmaprodukts die kumulative Ausweitung einer Verzögerung auf den Umsatz.[1]

Es ist einsichtig, daß Häufungen von innovativen Verzögerungen sowohl auf der Mikro-, wie auf der Meso- und der Makroebene auftreten und negative Konsequenzen für Wachstum und Beschäftigung zeitigen können. So füllen sich die Konkursstatistiken nicht zuletzt auch aus diesem Grunde. Der Einbruch

[1] Unter Ertragsgesichtspunkten schlagen verzögerte Innovationen in der Regel sogar noch stärker zu Buche. So berichtet der Chemiekonzern Bayer, daß auf Basis des Jahres 1988 rd. 50 vH des Umsatzes und rd. 70 vH des Ergebnisses auf Produkte und Verfahren entfallen, die vor 15 Jahren noch nicht existierten.

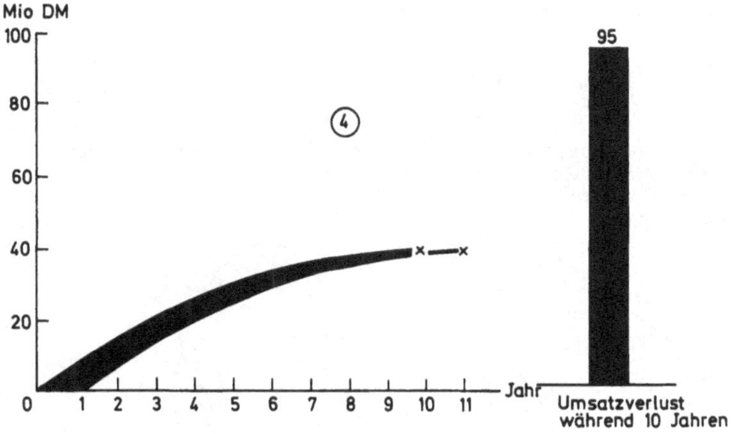

Schaubild 4.
Die Opportunitätskosten der Zeit – illustriert am Beispiel des kumulativen Umsatzverlustes bei Verzögerung der Einführung eines neuen Produktes um ein Jahr.
Quelle: Boehringer-Mannheim.

der schweizerischen und baden-württembergischen Uhrenindustrie in den 70er Jahren war eindeutig auf verpaßte Innovationschancen zurückzuführen, und auch die britische Volkswirtschaft gehörte in jenen Jahren nicht unbedingt zu den innovativen und investiven Spitzenreitern.

Das besondere Dilemma zeitverzögerter Innovationen aber besteht für Marktzyklusgüter darin, daß sie auf der gleichen Innovationsstufe unaufholbar sind. So erreichen Pionierunternehmen fast durchgängig eine höhere Rentabilität ihres eingesetzten Kapitals als die nachfolgenden Wettbewerber. Jedenfalls ergab sich in den meisten einschlägigen Studien ein signifikanter Zusammenhang zwischen dem Zeitpunkt oder der Reihenfolge des Markteintritts und dem jeweiligen Erfolgskriterium (vgl. Simon 1989, S. 124f).

Zwar gibt es dazu auch das eine oder andere Gegenbeispiel. So konnte etwa die Firma IBM bei Personal-Computern den Pionier, die Firma Apple, ohne allzu große Mühe auf den 2. Platz verweisen. Dies war allerdings nur aufgrund der überlegenen Marketing-Ressourcen und des Komponenten-Zukaufpotentials jenes US-Konzerns möglich. Insofern profitierte der Follower von den ihm zur Verfügung stehenden exzellenten strategisch-infrastrukturellen Voraussetzungen. Der damit zur Verfügung stehende hohe allgemeine Vorbereitungsgrad wirkte quasi zeitsubstituierend. Abseits solcher Sonderbedingungen ist und bleibt freilich Zeit Geld und das frühe Bessere der Feind des durchaus bewährten Guten.

Jenes Verzögerungsdilemma läßt sich am besten am Pionier-Nachfolger-Schema verdeutlichen (s. Schaubild 5). Der Pionier oder Erstinnovator ist in der Lage, nach der Entstehungs- oder Vorbereitungsphase mit der Vermarktung seiner Innovation im Zeitpunkt t_1 zu beginnen, während der nachfolgende

Ablaufdiagramm für die Entstehung und Vermarktung einer Innovation

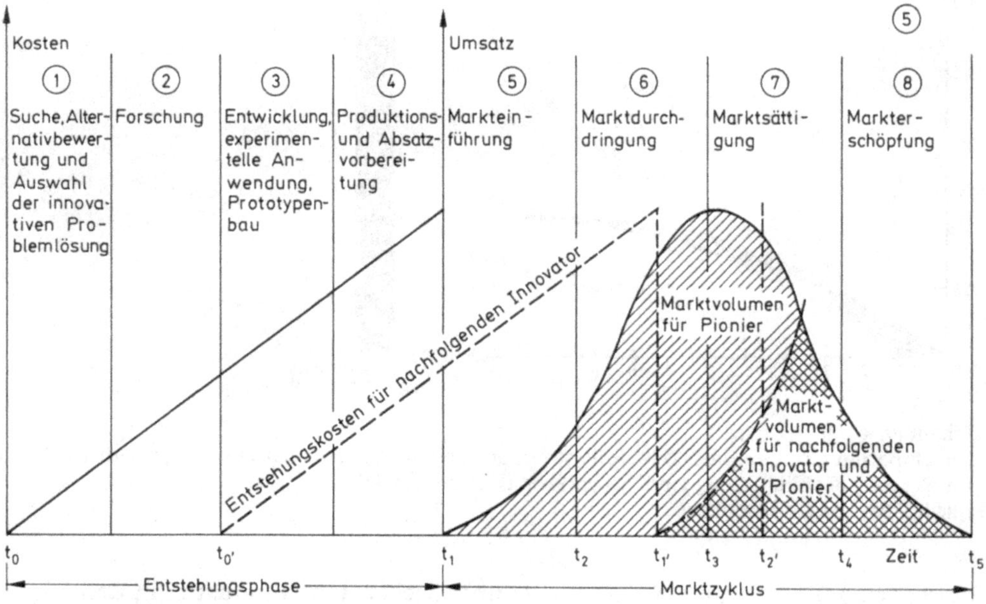

Schaubild 5.
Quelle: Pfeiffer, Weiß (1988).

Innovator dazu erst zeitversetzt im Zeitpunkt $t_{1'}$ in der Lage ist. Infolge jenes Verzögerungslags steht ihm nur noch ein vergleichsweise geringes Marktvolumen zur Ausschöpfung zur Verfügung – und er muß es sich mit dem Pionierunternehmen teilen.

Daß dies keine praxisferne Modellbetrachtung ist, unterstreicht eine entsprechende Äußerung des Siemens-Vorstandsvorsitzenden, wonach eine Markteintritts-Verspätung in der Elektronikindustrie von etwa einem Drittel des Produktlebenszyklus bis zu 50 v. H. Verlust an Marktvolumen für den Follower bedeuten kann. Solche Einbußen reichen dann aber kaum mehr dazu aus, die hohen Vorbereitungs- bzw. Entstehungskosten abzudecken.
Wie bereits angedeutet, beruht zudem die komfortablere Situation des Pioniers auf seiner zeitweiligen Monopolrente. Bis zum Auftreten des Followers lassen sich durch die Innovation monopolistische Preise erzielen. Danach kann der Erstinnovator jene Erträge gezielt per Preissenkung zur Bekämpfung seiner Konkurrenten einsetzen. Dies läßt sich am 256 Kilo Bit-Chip, wenn auch besonders drastisch, exemplifizieren. Die Japaner als die Erstinnovatoren konnten mit einem Stückpreis von etwa 35 Dollar starten. Als die Europäer nach etwa zweieinhalb Jahren auf dem Markt erschienen, war der Marktpreis auf nur noch rund 8 Dollar abgesunken.

Dem Pionier stehen somit die strategischen Vorteile einer aggressiven Preispolitik zur Verfügung. So wird die Zeit, insbesondere bei Lebenszyklus-Produkten, in abgeschwächter Form aber auch bei vielen anderen Gütern und Dienstleistungen zur Ressource sui generis. Sie erhält den Rang der zentralen Rentabilitäts- und Risikodeterminante.

Wenn überdies davon auszugehen ist, daß sich 1. die Produktlebenszyklen verkürzen, sich 2. gleichzeitig die Entstehungsphasen verlängern und 3. zudem verteuern, so erhöhen sich die Hürden für den nachfolgenden Innovator praktisch in dreifacher Weise. Er gerät in ein strategisches Dilemma; denn er wird Opfer der Zeitfalle. D. h., das ihm noch verbleibende Marktvolumen schrumpft mehr oder weniger zur Quantité négligeable (s. Schaubild 6 im Vergleich zu Schaubild 5, S. 128).

Welche *Schlußfolgerungen* sind aus dieser Analyse zu ziehen? Mit welchen Maßnahmen ist auf diese Herausforderung zu reagieren?

Grundsätzlich gilt, daß neben das Kosten- und Innovationsmanagement in den technisch anspruchsvollen Bereichen gleichberechtigt das *Zeitmanagement* als Schlüsselgröße zu treten hat. Auch imitative Innovationen sind in der Regel kein Ausweg. Zwar mögen sie technische Irrwege vermeiden helfen und damit auch das technische Risiko eingrenzen. Andererseits erhöht der zunehmend schneller auslaufende Produktlebenszyklus in erheblichem Umfang das wirtschaftliche Risiko, und dieses ist unternehmensentscheidend. Unternehmen, Staat und Sozialpartner bleiben somit in die Pflicht genommen.

Die Notwendigkeit der zeitlichen Optimierung erfordert von den *Unternehmen* eine dreidimensionale, nämlich sowohl mental-operationale, wie räumlich regionale und schließlich prozessuale Strategie. Das erste Aktionsfeld ist auf die Stärkung der kreativen Unternehmensbasis auszurichten, was gleichermaßen Aktivierungs- wie Entrümpelungsmaßnahmen bedeuten kann. Bessere Planungs- und Motivierungsinstrumente zählen hierzu ebenso wie der Abbau von Überperfektionismen (overengineering) und von organisatorischen sowie bürokratischen Hindernissen für die innovative Entfaltung.

Zweitens ist mit der notwendigen Erweiterung des räumlich-regionalen Umfeldes der Tatsache Rechnung zu tragen, daß die Amortisierung der hohen und steigenden Forschungs- und Entwicklungsleistungen bei kürzeren Produktlebenszyklen nur durch größere Absatzmärkte gelingen kann. Dies erfordert nicht nur eine möglichst große Kundennähe sowie die ständige Beobachtung der Konkurrenz sondern auch die Präsenz (einschließlich entsprechender Servicenetze) auf den expansiven Märkten, besonders in den USA und in Asien. Doch sollte auch die Beschaffung intensiviert und globalisiert werden, wenn sich dadurch Kosten- und Zeitvorteile erwirtschaften lassen.

Von entscheidender Bedeutung aber ist drittens und zunehmend das prozessuale Aktionsfeld im Sinne einer Verkürzung der Produktentstehungs- und Durchlaufphase innerhalb des Leistungssystems. Dies erfordert eine bessere Koordinierung der einzelnen betrieblichen Teilfunktionen, wie Forschung und Entwicklung, Beschaffung, Produktion und Distribution. Die Nutzung der computer-gestützten Techniken bei Konstruktion, Fertigung wie auch der Just-

Ablaufdiagramm für die Entstehung und Vermarktung einer Innovation

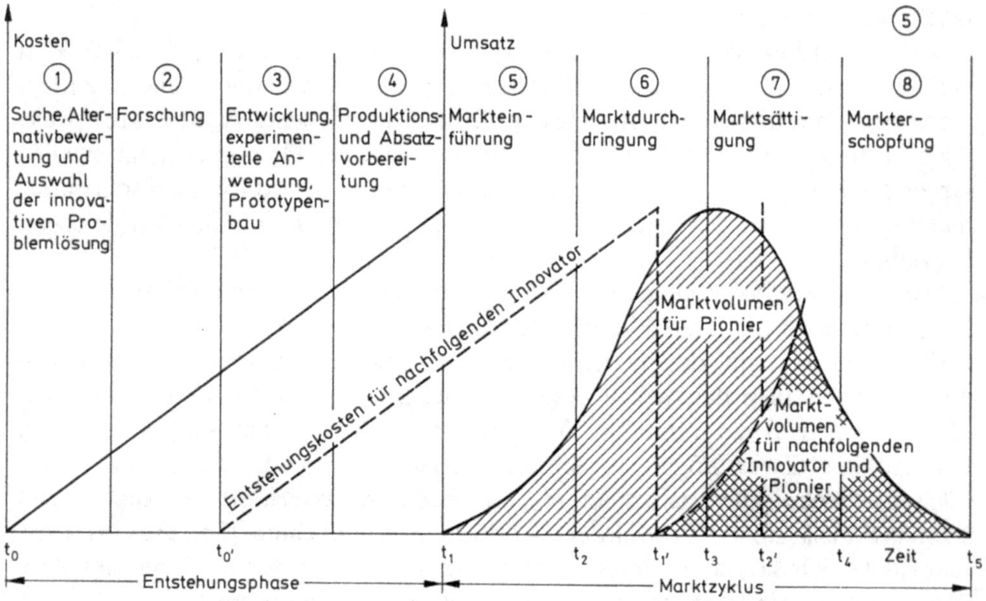

Ablaufdiagramm für die Entstehung und Vermarktung einer Innovation

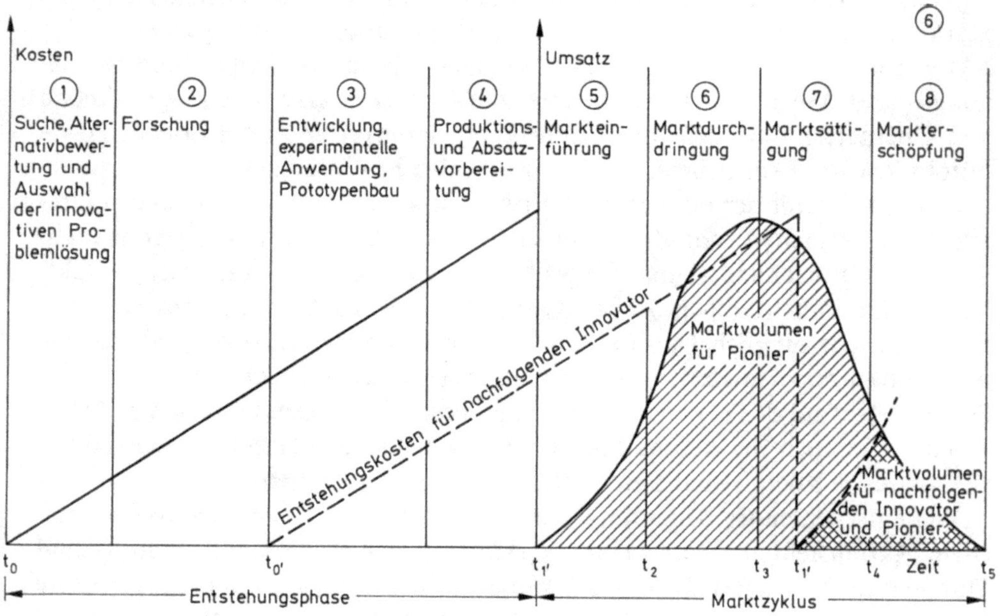

Schaubild 5 und 6 im Vergleich.
Quelle: s. Schaubild 5.

in-Time-Logistik hat hierbei einen höheren Ressourcendurchsatz pro Zeiteinheit zu gewährleisten.

Die Zeitgewinne nehmen zu, wenn es den Unternehmen gelingt, eine möglichst reibungslose Interaktion von Marketing sowie von Forschung und Entwicklung sicherzustellen. Dies ist nicht allein durch die zeitliche Straffung der einzelnen betrieblichen Teilfunktionen zu erreichen, sondern vor allem durch deren integrative Überlappung sicherzustellen. Ansatzpunkte hierfür bietet das sog. simultaneous engineering, bei welchem neue Produkte und die für sie erforderlichen Produktionseinrichtungen gleichzeitig geplant werden. Dabei bezieht man in jenen Entwicklungsprozeß nicht nur die Entwicklungsabteilungen des eigenen Unternehmens sondern auch die Lieferanten von Produktionsmaterial und -einrichtungen mit ein. Auf diesem Wege lassen sich die Innovationszeiten bis zu 30% verkürzen und in die Ausschöpfung entsprechender Marktpotentiale umsetzen.

Als Rahmengeber bleibt aber auch der *Staat* gefordert. Denn er ist für die Umfeldbedingungen, die der Entfaltung der innovativen Kräfte dienen, verantwortlich. Es sind dies insbesondere:

1. die Förderung von Wissenschaft und Technik (einschl. der Grundlagenforschung) sowie der Ausbildung des dafür bei Staat und Privatwirtschaft benötigten Forschungspersonals;
2. die Förderung eines kreativitäts- und innovationsfreundlichen Standortklimas durch administratives Augenmaß bei Investitions- und Betriebsgenehmigungen und schließlich
3. die Beteiligung am Innovations- und Investitionsrisiko der Akteure durch Verringerung der auch im internationalen Vergleich besonders schwerwiegenden Unternehmenssteuerbelastung.

Was schließlich die *Gewerkschaften* angeht, so täten sie den von ihnen vertretenen Arbeitnehmern den schlechtesten Gefallen, wenn sie die Kreativitäts- und Innovationsfähigkeit der deutschen Wirtschaft durch weitere Arbeitszeitverkürzungen rationieren würden. Die ohnehin bestehenden Engpässe im Bereich der Entwicklung wie auch der Fertigung würden damit zu Lasten unserer Zukunftssicherung noch verstärkt. Würde das gewerkschaftliche Dogma von der 35-Stunden-Woche verwirklicht, so müßte sich für viele Unternehmen die Zeitfallen-Gefahr durch zunehmende Entwicklungs- und Vorbereitungsengpässe erhöhen. Facharbeiter und Entwicklungsingenieure gehören zu den knappen Ressourcen auf dem Arbeitsmarkt.

Mit 1.560 Stunden an tatsächlich geleisteter Arbeitszeit in der verarbeitenden Industrie verfügt der deutsche Arbeitnehmer ohnehin schon heute über die meiste Freizeit. Den USA und Japan, als unseren Hauptkonkurrenten um den technischen Fortschritt, stehen demgegenüber knapp 300 bzw. gut 600 Jahresstunden mehr je Arbeitnehmer sowohl für Forschung und Entwicklung wie auch für die Produktionsvorbereitung und -durchführung zur Verfügung.

Bis zur europäischen Binnenmarktvollendung Ende 1992 kumuliert sich dieser zeitliche Vorsprung im Falle der USA auf rund 8 Monate je Industriebeschäftigten; im Falle von Japan vergrößert sich jene zeitliche Aktionslücke gar auf 1 Jahr und 4 Monate. Extrapoliert man bis zum Ende der 90er Jahre, so verdreifachen sich die Zeit- und Aktionsreserven unserer beiden Hauptkonkurrenten. Der existierende Zeitvorsprung der USA, vor allem aber Japans, muß umso mehr beunruhigen, als letzteres den Faktor Zeit als strategisches Instrument im Wettbewerb zuerst erkannt und entsprechende Ansätze und Instrumente entwickelt haben. So sind mit dem Konzept der Just-in-Time-Produktion ganz eindeutig Rationalisierungskonzepte entwickelt worden, deren Anwendung vergleichsweise kurze Lieferzeiten aufgrund drastisch verkürzter Gesamtdurchlaufzeiten ermöglichen.

Weitere Arbeitszeitverkürzungen in der Bundesrepublik wären daher gerade in Zeiten der innovativen Herausforderung und den damit verbundenen Zeitfallen-Gefahren kontraproduktiv, denn sie verringern die wirtschaftlichen Zukunftschancen der deutschen Industrie.

Literatur

Bleicher, K. (1989): Chancen für Europas Zukunft, Wiesbaden.

Eversheim, W. (1989): Von der Idee zum Produkt, in: Blick durch die Wirtschaft, 9. 3. 1989.

Groß, R. (1988): Informationsproblematik in der strategischen Planung, Diss. Stuttgart.

Kaske, K.-H. (1989): Der Unternehmer im Wettbewerb auf den Weltmärkten, in ZfbF, 41. Jg., H. 5, S. 347–357.

Peters, T. (1989): New markets, new competition, new thinking, in: The Economist, March 4, S. 27–32.

Pfeiffer, W., Weiß, E. (1988): Die Zeit als strategische Ressource nutzen, in: Blick durch die Wirtschaft, 9. 11. 1988.

Porter, M. E., Millar, V. E. (1989): How information gives you competitive advantage, in: Harvard Business Review, Vol. 63, No. 4, S. 149–160.

Simon, H. (1989): Die Zeit als strategischer Erfolgsfaktor, in: Hax, H., Kern, W., Schröder, H.-H. (Hrsg.), Zeitaspekte in betriebswirtschaftlicher Theorie und Praxis, Stuttgart, S. 117–130.

XV. Innovation und Arbeitsmarkt – Zwei spezifische Betrachtungen: Zusammenfassung der Diskussion

W. Gruhler

1. Diskussion des Referats Dostal

Hauptsächlich wurde in der Diskussion die Frage des Projekt-Designs, der Untersuchungsmethode sowie die offengebliebenen Aspekte erörtert.

So habe die Nicht-Berücksichtigung der Angebotsseite des Arbeitsmarktes sowie die diese neben dem Wertewandel beeinflussenden innovativen Faktoren (Gerstenberger, Gruhler, Welsch) zur Verfehlung des Themas geführt: Untersucht wurden daher Beschäftigungs- und nicht Arbeitsmarktwirkungen (Oppenländer).

Da im Meta-Projekt das Modul „Arbeitsmarkt" fehlte, sei auch die Einpassung der WZB-Studie nicht gegeben (Dostal); andererseits habe vermutlich die Beschäftigungsthematik (politisch) beim Meta-Auftrag generell Pate gestanden (Welsch).

Dennoch ließen sich auch partielle Forschungsziele rechtfertigen, zumal die innovationsbedingten Ursachen des Arbeitsmarktangebots weniger bedeutsam und für Szenario-Betrachtungen schlecht zu operationalisieren seien (Kalmbach). Gleichwohl bleibe die Angebotsseite unter dem Vollbeschäftigungs- bzw. Arbeitslosigkeitsaspekt bedeutsam und wäre mithin untersuchungsrelevant gewesen (Gerstenberger). Positiv zu beurteilen sei indessen der Versuch, die Zugangsrisiken in die Arbeitslosigkeit mit Innovationserscheinungen zu verknüpfen (Welsch). Dabei hätte man aber den Wechsel im Beschäftigungssystem insgesamt – nicht nur bezüglich der Arbeitslosen – ins Visier nehmen müssen (Gerstenberger).

Bezüglich des methodischen Vorgehens sei die Beschränkung auf die Auswertung von Sekundärstatistiken und die kritiklose Übernahme der IAB-Ergebnisse zu monieren. Nur durch Rekurs auf primärstatistisches Material hätte sich die Innovationsverkettung im Wege personaler Mobilität identifizieren lassen. Untersuchungsgegenstand hätte die Frage sein müssen: „Inwieweit ist bei Innovationsaktivitäten der Transfer, die Beschaffung und die Freisetzung von Personal von besonderer Wichtigkeit?" Schließlich sei die Technik nur *eine* Determinante für die Beschäftigung und zudem gegenüber der konjunkturellen Entwicklung von eher inferiorer Bedeutung (Dostal).

Im Vergleich zu den durchgeführten Saldenbetrachtungen ergäben Brutto-Strom-Analysen des Arbeitsmarktes und der Arbeitslosigkeit aussagefähigere Ergebnisse (Kalmbach, Gerstenberger). So beschränkte sich die WZB-Untersuchung auf die Analyse der Arbeitsmarktdynamik und vernachlässigte die Erhellung des Zusammenhangs zwischen Innovation und Arbeitskräftebewegung. Weil zudem keine saubere Begründung der Qualifikationsverschiebung vorgenommen wurde, habe man bei der Analyse der Arbeitsmarktbewegung lediglich auf den Qualifikationsaustausch abgehoben. Nicht untersucht worden sei auch der Tatbestand der Doppel- bzw. Mehrfachbeschäftigung und deren Begünstigung durch Innovationen (Dostal).

Die Zugangsrisiken zur Arbeitslosigkeit hätten anstelle der falsch gesetzten Prioritäten, widersprüchlichen Erklärungsansätze und unbegründeten Schlußfolgerungen detaillierter regressionsanalytisch erfaßt werden müssen (Blattner, Oppenländer) und wären möglichst nach Qualifikationen zu disaggregieren gewesen (Kalmbach).

Grundsätzlich verbiete sich eine synonyme Betrachtung von Veränderungen der Beschäftigung und solchen der Arbeitslosigkeit. Die vorhandenen Unterschiede und Beziehungen seien aber nicht herausgearbeitet worden, was zur Setzung falscher Akzente geführt habe (Blattner).

2. Diskussion des Referats Gruhler

Das aufgeworfene Thema wurde als wichtiges Problem und klassisches Sujet betriebswirtschaftlichen Managements qualifiziert, welches zentrale Aufmerksamkeit im Kontext des internationalen Wettbewerbs und im Hinblick auf die Setzung adäquater Rahmenbedingungen verdiene (Gerstenberger, Oppenländer, Welsch).

Insofern sei ein entsprechendes Forschungsdefizit von Meta II zu konstatieren, und wäre die Durchleuchtung des auf Branchenebene zu disaggregierenden Innovationsprozesses mit Hilfe des Zeitfaktors und gegebenenfalls unter Verwendung des „Zeitvorsprünge" signalisierenden Technik-Indikators der Patentanmeldungen wichtig gewesen (Gerstenberger, Oppenländer). So sei die Entstehung friktioneller (technologischer) Arbeitslosigkeit letztlich auf den Zeitfaktor als das Ergebnis mangelnder produktbedingter Nachfrage-Impulse zurückzuführen (Oppenländer). Denn, i. d. R. besäßen die Rationalisierungsinvestitionen mit Freisetzungsrelevanz einen Vorlauf vor den eher kompensatorisch wirkenden Produktinnovationen (so auch Welsch). Wie überhaupt vorhandene Qualifikationsdefizite des Produktionsfaktors Arbeit auf die verzögerte zeitliche Anpassung des Bildungssystems an den technischen Fortschritt zurückzuführen seien (Oppenländer). Demgegenüber wurde bezweifelt, ob eine sogenannte Vorratsausbildung über die postulierte breite Grundausbildung hinaus praktikabel und der Verzicht auf das Durchlaufen von Erfahrungskurven überhaupt wünschenswert sei (Dostal).

Gewisse Zweifel hinsichtlich der Verallgemeinerungsfähigkeit der Thesen des Referenten klangen im Hinblick auf die (stets) höheren Entwicklungskosten des Followers (Gerstenberger), seiner (stets) geringeren wirtschaftlichen Erfolge (Dostal) sowie des dargestellten produktzyklischen Verlaufs an. So käme hinsichtlich des letzteren Einwandes eine iterative Verknüpfung einer Vielzahl von Produktzyklen und ihre Aneinanderreihung in Form einer S-Kurve der Wirklichkeit näher; zumindest sei mehr zu differenzieren und seien offene Punkte durch weitere empirische Feldforschung zu ergänzen (Gerstenberger).

Zu bezweifeln sei außerdem, ob überhaupt ein Maß für die höchste Innovationsgeschwindigkeit existiere (Dostal), oder ob nicht stets der relative Zeitvorsprung im Wettbewerbsprozeß ausschlaggebend sei (Gerstenberger). Wäre Schichtarbeit im F+E Bereich eine notwendige Konsequenz (Dostal)? Sie wäre es, wenn sich die F+E Leistungen als der limitationale Faktor in der Wertschöpfungskette herausstellen würden (Gruhler).

Bislang aber ergeben nach Auskunft des Referenten die Analysen zum Sujet eine weit überwiegende wirtschaftliche Besserstellung des Pioniers vor dem Follower; doch sei unabhängig davon der Thematik eine vertiefte und gegebenenfalls auch differenzierte Aufmerksamkeit zu schenken.

E. Wissenschaftsanreicherung, Wissenschaftsfortschritte, Wissenschaftsdefizite

XVI. Anregung der Wissenschaft durch die Meta-II-Studie

W. Dostal

1. Die Abgrenzung der Meta-Studie

Die Meta-Studie mußte, wie dies bei aller Forschungsarbeit dieser Dimension ist, thematisch und methodisch so abgegrenzt werden, damit die Aufgabenstellung mit der zur Verfügung stehenden Kapazität auch abgedeckt werden konnte. Kernfrage der Meta-Studie war der Zusammenhang zwischen technischem Wandel und seinen Arbeitsmarktwirkungen, also Beschäftigtenstand, Personalmobilität, Beschaffung und Freisetzung von Personal sowie strukturellen und qualitativen Veränderungen des Personals.

Diese Untersuchungen sollten auf der Mikro- und der Makroebene begonnen werden, um dann in einer Integration in eine Meta-Ebene einzumünden.

Die so definierte Aufgabenstellung mußte weiter abgegrenzt werden, um bearbeitet werden zu können.

Auf der Technikebene erfolgte diese Abgrenzung vor allem auf der Mikroebene recht konsequent auf die Informationstechnik selbst und auf die mit ihr eng verknüpften Techniken. Diese Abgrenzung hatte den Vorteil, daß mit ihr das Phänomen des technischen Wandels auf seine derzeitig als dominant bewertete Quelle eingegrenzt wurde. Die breiten Wirkungen der Informationstechnik im Beschäftigungssystem und die mittlerweile umfangreichen Erfahrungen bei der Technikfolgenabschätzung eben dieser Technik lassen diese Abgrenzung als sinnvoll und wirtschaftlich erscheinen. Die Gleichsetzung von „Informationstechnik" mit „modernen Technologien" dürfte ein Spiegel der aktuellen Wissenschaftslandschaft sein, in der, wird über Technikfolgen diskutiert, zunächst immer die Informationstechnik oder eine ihrer Ausprägungen bzw. Nutzungsformen angeführt werden.

Auf der Arbeitsmarktseite erfolgte ebenfalls eine Spezialisierung. Anstatt alle den Arbeitsmarkt und mit ihm Beschäftigung und Arbeitslosigkeit betreffenden Strukturen und Entwicklungen abzudecken, sind vor allem Beschäftigungsstände, Bilanzveränderungen dieser Bestände sowie Arbeitslosenbestände und ihre bilanzierten Veränderungen berücksichtigt worden.

Diese Einschränkungen sind deshalb von Bedeutung, da bei Kenntnis dieser Rahmenbedingungen auch die Aussagen nicht global hochgerechnet werden dürfen und weil auf dem Weg von Mikro nach Makro und von Makro nach

Mikro durch die Nichtberücksichtigung einiger Faktoren und Phänomene – möglicherweise mit geringer quantitativer Bedeutung – geschlossene Aussagen nicht zu erwarten sind.

Die Meta-Ebene kann deshalb jene Elemente nicht enthalten, die in der Mikro- bzw. Makroebene abgeschnitten sind und deshalb in die Meta-Ebene nicht eingebracht werden können. Die Eingrenzung des Technikbegriffs reduziert vor allem die Mikro-Ebene, die des Beschäftigungsbegriffs sowohl die Mikro- als auch die Makro-Ebene.

In dieser Erkenntnis ist bereits eine Anreicherung der Wissenschaftslandschaft zu sehen: Bei künftigen Studien dieser Art wird es notwendig sein, auf diese Vorabgrenzungen sehr genau zu achten. Sowohl das Technikspektrum als auch die Kenngrößen, mit denen so komplexe Phänomene wie Beschäftigung, Arbeitslosigkeit und Arbeitsmarkt beschrieben werden, bedürfen einer sehr umfassenden und zunächst nicht willkürlich eingegrenzten Sichtweise.

Eine derartige Strategie wäre aber aus forschungsökonomischen Gründen kaum durchzuhalten. Eine erste vorläufige oder endgültige Abgrenzung erscheint notwendig – bei der Technik wie auch bei der Beschäftigung –, um auf den gegebenen Basiserkenntnissen aufbauen zu können und sich nicht zu verzetteln. Die dabei nicht berücksichtigten Segmente sollten aber in einer Vor- oder Begleitstudie getrennt beobachtet bzw. bearbeitet werden, um den Gang der Arbeiten in der Hauptstudie nicht allzusehr zu verzögern. Allerdings sollten diese Paralleluntersuchungen vor der Formulierung der verdichteten Ergebnisse in der Hauptstudie berücksichtigt und gravierende Komponenten in sie eingearbeitet werden.

2. Der Innovationsbegriff in der Meta-Studie

Es war nicht Aufgabe der Meta-Studie, die Bedeutung oder Besonderheit der Informationstechnik zu bestimmen oder nachzuweisen. Ihre Aufgabe lag darin, die Brücke zwischen „moderner Technologie" und „Arbeitsmarktwirkungen" zu bauen. Auf der Metaebene ist dies durch die weitere Abgrenzung und Ausgestaltung des Innovationsbegriffes erfolgt. Die Meta-Studie unterscheidet eine Vielzahl von Innovationsausprägungen und liefert Charakterisierungen von Innovationen und Innovatoren. Hier liegt ein wesentlicher Erkenntnisfortschritt:

Innovationen und Innovatoren wurden nach ihrem Typ, nach ihren Wirkungen und nach ihren Besonderheiten unterschieden und in ihrer Wirkung auf die Beschäftigung differenziert erfaßt. Aus dem globalen Begriff der „modernen Technologien", einem eher statischen Begriff, wurde der dynamische Begriff der Innovation, der sich in weitere unterscheidbare Typen unterteilen ließ. So konnten auch unterschiedliche, oft gegenläufige Beschäftigungseffekte deutlich gemacht werden, die je nach Innovationstyp vermutet oder empirisch nachgewiesen werden können.

Nur auf dieser Basis differenzierter Innovationsbetrachtung waren die Kernaussagen der Studie abzuleiten. Allerdings ist diese weitere Durchdringung des arbeitsmarkt- oder beschäftigungsbezogenen Aspekts von Technik auf der Basis von Innovationstypen noch nicht genügend ausgearbeitet. Die Abfrage von Innovationstypen bei den betrieblichen Experten und die Zuweisung betrieblicher Innovationsaktivitäten zu Forschungs- und Entwicklungsanstrengungen bzw. deren Kosten kann nur ein erster Schritt sein, um diese Meta-Strukturen anzugehen.

Die Grundlagenarbeit in der Meta-Studie zum Thema Innovation muß also weitergeführt werden. Zunächst dürfte es erforderlich sein, die in den verschiedenen Studien des Meta-Verbundes angeführten Innovationstypologien kritisch zu hinterfragen und sie zusammenzuführen, um zu einer, wenn auch mehrdimensionalen, Typologie von Innovationen zu kommen.

Diese Ergebnisse der Meta-Studie werfen die Frage auf, ob in künftigen Untersuchungen das Phänomen Technik durch das Phänomen Innovation ersetzt werden sollte. Die in ihrer Dauer abnehmenden Nutzungszyklen von Technik deuten an, daß es längerfristig kaum noch statische Technik geben wird, und daß deshalb eine statische Betrachtung nur noch wenig Sinn ergibt. Damit trifft der eher dynamisch orientierte Begriff der Innovation die Sachverhalte treffender. Er kann auch jene Felder abdecken, wo der Technikbezug nicht im Zentrum steht und wo durch innovative Maßnahmen, beispielsweise durch soziale Innovationen, ähnliche Folgen entstehen wie bei technischen Veränderungen.

3. Die Probleme der konventionellen Beschäftigungsdefinition

Beschäftigung und Arbeitsmarkt sind verrechtlicht und in weitgehend starren Rahmenstrukturen eingezwängt. Marktvorgänge laufen ab, finden aber immer recht schnell ihre Grenzen. Das Phänomen Schwarzarbeit ist auch ein Indiz für mangelnde Flexibilitäten, die manche marktmäßig denkbaren und erwünschten Arbeitskontrakte verhindern (hierbei soll nicht die Hinterziehung von Steuern und Sozialabgaben, sondern die Nichtkontrahierbarkeit mancher unüblicher Arbeitsformen als Auslöser für Schwarzarbeit bewertet werden). Diese Rigiditäten des Erwerbssystems werden immer wieder als Innovationshemmnis beklagt.

In der Meta-Studie sind diese Sonderformen der Erwerbstätigkeit zwar immer wieder angesprochen worden, sie wurden aber nicht konsequent genug thematisiert. So hätten beispielsweise neue Formen flexibler Beschäftigung, wie beispielsweise die Arbeitnehmerüberlassung (bzw. Zeit- oder Leiharbeit) sowie neue Formen räumlicher oder zeitlicher Allokation von Arbeit (beispielsweise die anderweitig vieldiskutierte Telearbeit, die Teilzeitarbeit oder die ambulante/mobile Arbeit) mit in die Untersuchungen einbezogen werden müssen, da an diesen Extremformen Arbeitsmarktstrukturen viel deutlicher werden als bei den mehrheitlich realisierten konventionellen Strukturen. Im Umfeld von Innovationen dürften sich derartige neue Arbeitsformen verstärkt entwickeln, so daß bei der Untersuchung von Innovationsfolgen nicht nur die Innovationen technischer Art, sondern auch die „sozialen Innovationen" in der Erwerbsarbeit und in ihrem Umfeld mit behandelt werden müßten.

4. Veränderung der Beschäftigung und des Arbeitsmarktes durch Innovationen

Es ist verdienstvoll, daß in der Meta-Studie die Beschäftigtenstatistik in einer auf Betriebe bezogenen Auswertung genutzt wurde. Dies bedeutet einen erheblichen Fortschritt, da mit dieser Vollerhebung jene Fragen geklärt werden können, die bei Stichproben oder bei Fallstudien nicht mit der nötigen Repräsentativität zu beantworten sind. Somit liefert die Beschäftigtenstatistik eine Klammer für ein auf die Beschäftigung bezogenes Berichtssystem. Gleichzeitig wird durch die Beschäftigungsstatistik der Meta-Aspekt für die Beschäftigung garantiert: Sie enthält einerseits Makrodaten für die Beschäftigung, andererseits differenzierte Mikrodaten für einzelne Personengruppen bis hin zum Individuum (diese Daten dürfen allerdings nur anonymisiert ausgewertet werden). Das Finden der geeigneten Aggregationsebene ist eine wesentliche Aufgabe für derartige Meta-Untersuchungen.

Auch die Nutzung der Arbeitsmarktstatistik ist in diesem Zusammenhang sinnvoll, da auch sie differenzierte Analysen und Zurechnungen ermöglicht. Sie hätte allerdings wesentlich intensiver genutzt werden müssen, da die Meta-Studie den Begriff „Arbeitsmarktwirkungen" und nicht „Beschäftigungswirkungen" im Titel führte.

Allerdings enthalten diese umfangreichen Datenquellen keine Hinweise auf oder Vernetzungen mit Innovationsvorgängen. Deshalb kann eine Mikro-Makro-Verknüpfung zwar für Personengruppen erfolgen, nicht aber für den Zusammenhang von Innovationsaktivitäten und Beschäftigungs- bzw. Arbeitsmarktbewegungen. Als differenzierteste Ebene kann in diesem Zusammenhang nur die Branche genutzt werden, da nur für diese die Innovationsaktivitäten zugeordnet werden können.

Implizit ist in der Meta-Studie deutlich geworden, daß die Definition und die Abgrenzung von Branchen oder Wirtschaftszweigen weiterhin unscharf ist, möglicherweise durch innovative Technik zunehmend unschärfer wird. Die Tertiarisierung und Informatisierung der Produktion, die Nutzung von Informationstechnik in Dienstleistungen und die Probleme bei der Zuordnung von

Betrieben in die global definierten Branchenkategorien beinhalten derart viele Unschärfen, daß es immer problematischer wird, im Hinblick auf Beschäftigungsstrukturen den Branchenbezug als dominante Größe zu nutzen. Besser wären Tätigkeitsabgrenzungen oder, falls diese nicht zur Verfügung stehen, Berufsabgrenzungen, die deutlich tätigkeitsnäher sind als Branchenabgrenzungen.

Die grundsätzlichen Probleme des Zusammenhangs von Innovation und Beschäftigungsveränderung sind in der Meta-Studie sowohl auf der Mikro- als auch auf der Makroseite angegangen worden. Auch hier wurden einige aktuell verfügbare Methoden eingebracht und Modellrechnungen angeführt. Zusammen mit den empirischen Ergebnissen der Fallstudien im Mikrobereich und den umfassenden Makrodaten der amtlichen Statistik waren so Analysen möglich, die in einer Einzelstudie nie hätten durchgeführt werden können.

Somit liegen mit der Meta-Studie Erfahrungen über einen Forschungsverbund vor, in dem auf reiche Datengrundlagen und auf die Erprobung verschiedenster Methoden gebaut werden konnte.

Allerdings sind viele Arbeitsschritte durchaus in konventioneller Manier angegangen und durchgeführt worden. Zwar zeigen sich immer wieder kreative Aktivitäten, doch sind sie meist nur ansatzweise und auf kleinere Detailfragen beschränkt eingesetzt worden. Der große Wurf eines umfassenden Methodenverbundes ist – aus welchen Gründen auch immer – nicht gelungen.

Auch die Frage der Substitution bzw. Ergänzung von Innovationstransfer durch Personaltransfer wäre ein wichtiges Gebiet einer derartigen Untersuchung gewesen. Die mittlerweile flächendeckend installierten Innovationsförderungszentren betreiben nicht nur den Innovationstransfer, sondern sind auch an dem Prozeß des Know-How-Austausches durch Personalfluktuation beteiligt. Hier liegt eine enge Kopplung von Innovation und Arbeitsmarkt vor, die in der Meta-Studie hätte mit erforscht werden müssen. Hier hätten insbesondere Vergleiche von Mikro- zu Makrodaten zu neuen Erkenntnissen über Zusammenhänge zwischen Innovation und Arbeitsmarkt vorgenommen werden können, die in den Einzelstudien nur vermutet werden und nicht auf wissenschaftlichem Niveau nachgewiesen sind.

5. Allokationsflexibilität von Qualifikation

Die Entwicklung von Innovationen und ihre zunehmende Bedeutung vollzieht sich parallel zu einer Höherqualifizierung, insbesondere in den besonders innovativen Branchen. Allerdings sind die Zusammenhänge zwischen beiden Entwicklungssträngen nur wenig nachgewiesen. Die Meta-Studie hat gezeigt, daß immer wieder postulierte Zusammenhänge zwischen innovativer Aktivität und Höherqualifizierung durchaus nicht so eindeutig sind, daß in einigen Aggregaten sogar eine gegenläufige Entwicklung beobachtet bzw. errechnet werden konnte. Offensichtlich ist diese Parallelität nicht unbedingt kausal bedingt. Ausbildungssystem und Innovationsaktivitäten zeigen jeweils Entwicklungstendenzen, die durchaus auch unabhängig voneinander ablaufen könnten.

In den Mikrostudien wurden diese Zusammenhänge nicht genügend untersucht. Dort zeigte sich vor allem, daß die formale Messung des Qualifikationsstandes über die Brauchbarkeit dieser Qualifikationen bei innovativen Aktivitäten wenig aussagt. Es sind dort vor allem die extrafunktionalen Qualifikationen, die von besonderer Bedeutung sind. Die Unfähigkeit, im Innovationsprozeß bereits Auskunft über die erforderlichen Qualifikationen beim Innovationspersonal und bei den Fach- und Hilfskräften im späteren Prozeß zu geben, führt in Mikrostudien oft zur Forderung nach hoher formaler Qualifikation als Substitut für extrafunktionale Qualifikation, die dann im praktischen Personaleinsatz nicht realisiert wird bzw. realisiert werden kann.

Die Meta-Studie hat in einigen Details wieder bestätigt, daß die immer noch erhebliche Flexibilität der Arbeitnehmer und die Divergenz zwischen formalen Qualifikationen und den jeweiligen Anforderungen an innovativen Arbeitsplätzen keine tragfähigen Zurechnungen von Innovation zu formalem Qualifikationsbedarf zulassen. Die Zurückhaltung bei der Personalplanung kann Auslöser oder Ergebnis dieser Entwicklung sein. Diese Zusammenhänge konnte die Meta-Studie nicht klären, obwohl der Qualifikationsaspekt in der Studie einen besonderen Stellenwert hatte.

6. Zusammenfassung

Die Meta-Studie hat in vielen Aspekten weitere Klärung oder sogar wissenschaftliche Fortschritte erbracht, die aber immer wieder durch neue Fragestellungen, Probleme und Unschärfen überschattet wurden. So haben sich die Defizite deutlicher zeigen müssen, da die durch die Vorgaben gesteckten Ziele soweit entfernt waren, daß ein Schritt in Richtung auf das Ziel kaum wahrgenommen wurde, während die ungelösten Probleme durch die bessere Sicht an Gewicht gewonnen haben.

Hauptleistung der Studie ist die breite Gegenüberstellung vieler Methoden und umfangreicher Datenpools, die für eine derart komplexe Fragestellung und für derartige interdisziplinäre Aufgaben erforderlich ist. Die bisher nur wenig verdichteten Ergebnisse müssen aber mühsam aus den umfangreichen Berichten herausdestilliert werden. In diesem Band ist ein Versuch gemacht worden, manche Aspekte herauszustellen und zu ordnen. Er kann aber nicht ausreichend sein, um die Fortschritte (und Defizite) umfassend zu beschreiben. Weitere Aktivitäten, zusätzliche Untersuchungen und die Einübung in neue Methoden werden erforderlich sein, um dem anspruchsvollen Thema gerecht zu werden. Ansätze dazu sind erkennbar:

- Ausbau und weitere Disaggregierung von Arbeitskräftegesamtrechnung und Arbeitsvolumenrechnung,
- Erstellung einer Bildungsgesamtrechnung,
- neue Klassifikationen für Tätigkeiten, Berufe und Wirtschaftszweige und ihre Implementierung,
- weitere Pflege und Ergänzung von Paneluntersuchungen zu Innovation, Qualifikation, betrieblicher Beschäftigungsstruktur und
- die Vernetzung der vorhandenen Daten und Methoden zur differenzierenden Analyse und Interpretation.

Ohne Meta-Studie wären die Bedingungen und die Herausforderungen dieses Aufgabengebietes nicht genügend deutlich geworden. Weitere Ansätze und Projekte können auf dieser Basis aufbauen und in einzelnen Teilgebieten weitere Erkenntnisse liefern. Derartige integrative Großstudien sind von Zeit zu Zeit erforderlich, um Teilaktivitäten zu verorten und um die globalen interdisziplinären Forschungsziele wieder ins Bewußtsein der spezialisierten Fachwissenschaftler zu verankern.

XVII. Weiterführende Erkenntnisse für die Wissenschaft aus der Meta-II-Studie

N. Blattner

Im Sinne einer Anregung zur Diskussion möchte ich die folgenden sechs Punkte in den Vordergrund stellen:

1. Die Meta-II-Studie hat zweifellos eine Fülle von wertvollen Informationen gebracht. Besonders hervorzuheben ist auch die Interdisziplinarität, welche immer ein Ziel gewesen ist, welche aber gleichzeitig auch als eine große Herausforderung zu gelten hat. Teilweise damit verbunden haben sich organisatorische Probleme eingestellt, welche bewirkten, daß die Studie am Ende weniger gut dasteht, als sie es verdient.
2. Im Ansatz war ein Konflikt zwischen Beschäftigungs- und Arbeitsmarktwirkungen angelegt. Die Konzentration auf die Beschäftigungsfolgen des technischen Wandels ist wertvoll, die Tatsache aber, daß nur eine einzige eigentliche Arbeitsmarktstudie durchgeführt worden ist, erscheint trotzdem als bedauerlich. Es ist daran zu erinnern, daß es nicht zuletzt die Wirkungen des technischen Fortschritts auf die Arbeitslosigkeit sind, welche politische Impulse auslösen. Eine enge Verknüpfung von Untersuchungen der Beschäftigungsfolgen mit solchen der Effekte des technischen Fortschritts auf die Arbeitslosigkeit ist somit höchst erwünscht.
3. Eine nachträgliche Sichtung des gesamten Materials im Rahmen eines umfassenden kompensationstheoretischen Rasters erscheint als lohnend. Gegenwärtig stehen wir noch etwas zu hilflos vor der Fülle an Material, das methodisch und inhaltlich ganz verschieden ist. Die Synthese steht noch aus, und zwar sowohl was die wirtschaftspolitischen als auch die technologiepolitischen als auch schließlich die sozialpolitischen Konsequenzen betrifft.
4. Ein besonders interessanter Themenbereich ist nach wie vor die Diffusion, womit die Technologieverflechtungsmatrizen einen besonderen Stellenwert erhalten. Der Vorschlag, diesbezüglich die Patentstatistik auszuwerten, ist vielversprechend, wenn auch die Mängel gerade dieser Quelle wiederum nicht unterschätzt werden dürfen.
5. Eine Unklarheit besteht hinsichtlich der Tragfähigkeit der Input-Output-Modelle: Sind die Koeffizienten tatsächlich als „measure of ignorance“ zu verstehen, dann nimmt die Bedeutung dieser aufwendigen Analysen ab. Die

Ökonomie bietet zwar Erklärungsansätze, doch gerade im Zusammenhang mit dem technischen Wandel sind wir auf organisationssoziologische Aspekte gestoßen, welche Fragen aufwerfen. Im übrigen ist es vermutlich nicht unbedingt nötig, eine aufwendige Mikro-Makro-Brücke zu schlagen, wenn es in erster Linie um die Frage der Kompensation geht.

6. Ein markantes Defizit der Meta-II-Studie ist abschließend in der Tatsache zu erblicken, daß die Zusammenhänge zwischen dem technischen Wandel und den Veränderungen der Qualifikationsprofile sowohl aus der Angebots- als auch aus der Nachfragesicht heraus nur selten und bruchstückhaft behandelt worden sind. Dabei besteht ein großes arbeitsmarktpolitisches und bildungspolitisches Interesse sowohl an den Strukturwirkungen des technischen Wandels bei gegebener Berufsklassifikation als auch an den Folgen des Wandels für die Inhalte der einzelnen Berufsbegriffe.

XVIII. Wissenschaftsanreicherung, Wissenschaftsfortschritte, Wissenschaftsdefizite: Zusammenfassung der Diskussion

K. H. Oppenländer

Zwei kritische Anmerkungen wurden gemacht. Zum einen betrafen sie die in Meta II zugrundegelegte Betrachtungsebene und die verwendeten Daten, zum anderen war die Frage gestellt, warum bestimmte innerbetriebliche Informationen nicht erhoben worden waren.

Hingewiesen wurde insbesondere darauf, daß zur Evaluierung von Technikfolgen die internationale Sicht entscheidend ist, nicht die nationale. Innovationen entstehen heutzutage in einem internationalen Wettbewerbsprozeß, so daß die Erforschung nationaler Märkte nicht ausreicht, wenn begriffen werden soll, welche Forschungsinteressen bestehen und wie diese in neue Technologien umgesetzt werden. Damit ist auch die Beobachtungsebene angesprochen. Nicht die von der Statistik angebotene Disaggregierung nach „Zweistellern der Wirtschaftszweige" ergibt die richtige Bezugsbasis. Vielmehr geschieht der Wettbewerb auf der Ebene der relevanten Märkte, die wesentlich mehr disaggregiert ist als die Ebene der Zweisteller. Zum anderen ist der Interdisziplinarität mehr Beachtung zu schenken. Wenn sich neue Technologien aus internationalen Wettbewerbsprozessen ergeben, dann kommt der Wirkung der jeweiligen Standortfaktoren auch im Sinne der Politikwirkung (Schaffung entsprechender Rahmenbedingungen) mehr Bedeutung zu, insbesondere dem Humankapitalaspekt (Ausbildung, Weiterbildung der Arbeitskräfte, des Managements).

Die Frage wurde gestellt, warum die innerbetrieblichen Prozesse bei der Wirkung neuer Technologien, bezogen auf den Produktionsfaktor Arbeit, nicht noch mehr beachtet wurden. Genannt wurden die Erforschung der Arbeitsbedingungen am Arbeitsplatz, das Einwirken der Gewerkschaften bei der Einführung neuer Technologien usw. Hingewiesen wurde darauf, daß dies teilweise in der Meta-I-Studie durchgeführt worden war, und daß man sich mit dem Auftraggeber einig darüber war, diesen Fragenkomplex abzuspalten. Die mehr sozialwissenschaftlich orientierten Forschungsinstitute hatten einen separaten Forschungsantrag eingebracht, der vom BMFT auch aufgegriffen wurde. Offenbar war aber zum Zeitpunkt der Klausurtagung noch kein Ergebnis bekannt.

F. Ergebnisse der Klausurtagung

XIX. Fortsetzung der Arbeiten aus der Sicht des BMFT – Förderungsmöglichkeiten und Förderungsabsichten

G. Albrecht-Lohmar

Anläßlich der Klausurtagung des wissenschaftlichen Beirates wurden die in der Projektdefinitionsphase der Meta-Studie gestellten Forschungsfragen und Erwartungen, die von den Forschungsteams angewandten Methoden und die Erfordernisse des Managements eines solchen Forschungsverbundes eingehend erörtert. Es wurden Bezüge hergestellt zu anderen wichtigen Forschungsarbeiten, die sich mit demselben Themenkreis befassen, indem die Meta-Studie kontrastiert wurde mit Methoden und Befunden aus der laufenden Strukturberichterstattung und den Forschungsarbeiten zur Input-Output-Analyse von Prof. Kalmbach und seiner Arbeitsgruppe.

In einem offenen und produktiven Diskurs wurden neben den Erfolgen des Meta-Forschungsverbundes auch die verbliebenen Defizite deutlich herausgearbeitet. Einigkeit scheint in diesem Sachverständigenkreis darüber zu bestehen, daß es außerordentlich hilfreich und nützlich wäre, quasi nachträglich einen theoretischen Bezugsrahmen, ein Theorieraster, zu erarbeiten, um die Einordnung und evtl. Zusammenschau der vorliegenden Meta-Ergebnisberichte zu ermöglichen. Es wurde vom Beiratsvorsitzenden darauf hingewiesen, daß in der Definitionsphase des Projekts auf einen solchen theoretischen Bezugsrahmen primär aus „forschungsökonomischen Gründen" verzichtet wurde. Die Diskussionen anläßlich der Klausurtagung haben jedoch deutlich gemacht, daß eine Beurteilung der methodischen und inhaltlichen Fortschritte, die die Meta-Studie zur Beantwortung der Frage nach den Arbeitsmarktwirkungen moderner Technologien erbracht hat, ohne einen solchen theoretischen Bezugsrahmen kaum möglich ist. Wenn auf der Basis der in den Referaten und Diskussionen vorgetragenen Überlegungen eine solche Aufgabe durch ein oder mehrere Mitglieder des hier versammelten Sachverständigenkreises übernommen und vorangetrieben werden würde, so würde BMFT dies sehr begrüßen. Die Frage, ob überhaupt und, wenn ja, von wem, eine solche Aufgabe in einem vertretbaren Zeitraum geleistet werden kann, und wie eine entsprechende Förderung und Unterstützung durch BMFT aussehen kann, ist im Nachgang zu dieser Klausurtagung ausführlich zu diskutieren.

Wendet man nun den Blick stärker in die Zukunft, und faßt die Frage nach dem künftigen Forschungsbedarf aus der Sicht des BMFT ins Auge, so zeichnet sich ab, daß die übergeordnete Thematik, nämlich der Zusammenhang von technischem Fortschritt, Innovation, Beschäftigung und Arbeitsmarkt auch weiterhin für BMFT relevant sein wird. Dementsprechend besteht natürlich Interesse, verschiedene Aspekte der hier diskutierten Thematik zukünftig aufzugreifen und weiterzuverfolgen. Es ist aber aus verständlichen Gründen nicht zweckmäßig, zum Teil vor weiteren BMFT-internen Erörterungen auch nicht möglich, bereits am Ende dieser Tagung definitiv und detailliert zu sagen, ob und, wenn ja, mit welcher thematischen Zielsetzung, in welchem finanziellen Rahmen und mit welchen Partnern auf der Wissenschaftsseite das BMFT die hier diskutierte Thematik künftig fördern wird.

Welche Themen dies sein werden, hängt ab vom künftigen Förderkonzept Technikfolgen-Abschätzung des BMFT, das in den nächsten Monaten neu formuliert wird. In einem Sachverständigenausschuß „Grundsatzfragen und Programmperspektiven der Technikfolgen-Abschätzung", dem übrigens Prof. Oppenländer angehört, wurde gerade ein Memorandum zu grundsätzlichen Fragen der Programmgestaltung dem Minister übergeben. Darin wird eine neue förderpolitische Absicht des BMFT deutlich, nämlich bei künftigen Maßnahmen seine bisherige Rolle als Auftraggeber für TA-Studien „zur Deckung seines aus der politischen Alltagsarbeit sich ergebenden Forschungsbedarfs" zu erweitern in Richtung auf die eines Förderers auch politikfernerer Technikfolgen-Abschätzung. Mit dieser Erweiterung des Rollenverständnisses würde generell künftig die Möglichkeit bestehen, neben der Bearbeitung von „politiknahen" und vom BMFT vorzugebenden Themen auch solche zu fördern, die eher aus wissenschaftlicher Sicht von hervorragendem Interesse sind.

Konkret heißt dies: Im ersten Umgang ist zu prüfen, welchen der im Rahmen der Tagung diskutierten Themen mit hoher Priorität aus Ihrer wissenschaftlichen Sicht auch eine praktische Relevanz aus der Sicht der FE-Politik des BMFT zukommt. Dies zu klären, ist nun eine Aufgabe des BMFT selbst, wobei es sich bei seiner Meinungsbildung natürlich mit Ihnen rückkoppeln wird.

Sollte am Ende dieser Meinungsbildung ein Forschungsbedarf bestehen, der über den Rahmen der einen oder anderen TA-Studie hinausgeht, wäre in einem zweiten Schritt zu überlegen, durch welche, eher grundlagenorientierte, Themen dieser politikrelevante Themenkatalog zu ergänzen wäre. Dieser letzte Punkt wäre sicherlich gemeinsam zu diskutieren.

Auch wenn es möglichen Erwartungen einiger Wissenschaftler nicht gerecht wird, sei gesagt, daß das BMFT nicht beabsichtigt, sozusagen automatisch die bisherige Meta-Studie II nach einer kurzen Denkpause in Meta III überzuführen.

Ich möchte an dieser Stelle nicht versäumen, im Namen des BMFT den Tagungsteilnehmern für ihr Engagement zu danken, besonders auch den Mitgliedern des Beirats für die jahrelange konstruktive Zusammenarbeit meinen Dank aussprechen.

XX. Diskussion des Referats Albrecht-Lohmar

K. H. Oppenländer

Die Frage der Erstellung eines Theorie-Rasters wurde aufgegriffen. Sie zog sich wie ein roter Faden durch die Diskussion. Eine follow-up-Studie soll eine „Aufarbeitung“ des Themas bewältigen, die offensichtlich in Meta II nicht gelungen war. Dabei sind theoretische Überlegungen anzustellen – die teilweise auf der Klausurtagung in Ansätzen schon zu erkennen waren –, die zur Erstellung eines Rasters führen. Dann sind die Ergebnisse von Meta II in dieses Raster einzuführen. Festzustellen ist dann, ob es noch Forschungs-Lücken, „weiße“ Forschungsfelder, gibt, oder ob alle „Kästchen“ abgedeckt sind.

Zwei Probleme, die bei der Erstellung des Rasters zu beachten sind, wurden angeschnitten: Das Problem der dynamischen Betrachtung und das der Nachzeichnung des Diffusionsprozesses. Die Frage nach der Dynamik hängt mit der Einordnung in einen größeren Zeitrahmen zusammen. Geht man von einer Gleichgewichtsbetrachtung aus und ordnet man dann die Vorkommnisse als Übergangs- und Anpassungsprozesse ein? Einig war man sich jedoch, daß die konkrete Bewältigung der Technikfolgen in relativ kurzen Fristen erfolgt, womit Wirtschafts- und Sozialpolitik auch in diesen Fristen zu reagieren haben. Der Raster muß also vor allem die kurze Frist erfassen. Zum zweiten Thema: Die Mikro-Ebene scheint nicht in dem erhofften Maße berücksichtigt worden zu sein. Lassen sich Kompensationsprozesse auf der Betriebsebene erkennen? Können die arbeitssoziologischen Fragen mit berücksichtigt werden? Es ist ja nicht damit getan, daß nur der Innovations- und Diffusionsprozeß von neuen Technologien per se nachgezeichnet wird. Meta II hat gerade eine Fülle von mikroökonomisch ausgerichtetem Material „bloßgelegt“, das es auch in einem solchen Raster zu berücksichtigen gilt.

Eine weitere Frage war, ob die Zielsetzung, ein kontinuierliches Beobachtungsinstrumentarium für das Thema aufzubauen, verwirklicht werden konnte, nachdem die vorgelegte Tandem-Studie doch als nicht geeignet für diesen Zweck erachtet worden war. Zunächst war man sich einig, daß es bei einem Versuch geblieben ist, daß die Politikberatung nach wie vor Bedarf hat für eine solche Berichterstattung. Betont wurde aber auch, daß das WZB lediglich aufgefordert war, verschiedene Indikatorbereiche exemplarisch aufzuzeigen. Hingewiesen wurde auch darauf, daß der wissenschaftliche Begleitausschuß dem Auftraggeber in der letzten Sitzung empfohlen hatte, den in der Tandem-Studie vorgeschlagenen Weg nicht weiter zu verfolgen. Möglicherweise könnte aber die Diskussion hierüber in der Einrichtung einer Information über Technologiefolgen („TA-Forschungsbedarf") wieder aufgegriffen werden.

XXI. Beschäftigungsfolgen moderner Technologien – Ergebnisse der Klausurtagung des wissenschaftlichen Ausschusses über die Meta-II-Studie

K. H. Oppenländer

1. Einführung

Wir stehen am Ende einer Klausurtagung, die zur Aufgabe hatte, die vorliegende Meta-II-Studie zu beurteilen und möglicherweise weiterführende Vorschläge zu erarbeiten. Dabei ging es nicht in erster Linie um die Vermittlung von Ergebnissen, sondern um die Frage nach der Forschungsdurchführung, die zur Anwendung gelangten Methoden, sowie, ob die angestrebte Politikberatung erreicht werden konnte. Das folgende Referat teilt sich deshalb in folgende Abschnitte:

- Zur Forschungsdurchführung und zum Forschungsmanagement
- Methodendiskussion
- Zur Frage der Politikempfehlung
- Weiterführende Vorschläge

2. Zur Forschungsdurchführung und zum Forschungsmanagement

2.1 Ausgangslage

Die Ausgangslage für Meta II war fundiert. Es war über die Erstellung der Meta-I-Studie eine Abgrenzung des Themas und eine Literaturaufbereitung erreicht worden. Strittig war, ob Meta I bereits Vorgaben erarbeitet hatte, die die Methodensetzung bei Meta II in einer gewissen Weise beeinflußt hatte und in eine bestimmte Richtung lenkte. Einigkeit herrschte darüber, daß die methodischen Ansprüche doch recht hoch waren. So konzentrierte man sich auf die bottom-up-Methode, versuchte, Ergebnisse arbeitsteilig zu erreichen, indem in Parallelarbeit und in iterativen Prozessen in vier Modulen gearbeitet wurde.

2.2 Durchführung

Da die Koordinationsarbeit zu spät eingesetzt hatte, war die Zusammenschau der Module von vornherein gefährdet. Konfliktstoffe waren angelegt. Auch funktionierte das Ineinandergreifen der Module nicht (Frage der Parallelität der Arbeiten oder der zeitlichen Abfolge), was dazu führte, daß die bottom-up-Methode schließlich nicht griff: Makroökonomische Forschung konnte insofern nicht auf mikroökonomischer aufbauen. In diesem Zusammenhang mußte auch die Aufgabe des Koordinators hinterfragt werden. Handelte er im Sinne eines Moderators oder eines Programmleiters? Hatte er lediglich für eine lückenlose Organisation im Rahmen einer vorgegebenen Vorgehensweise zu handeln, oder hätte er als Schiedsrichter eingreifen müssen, wenn er den Eindruck gehabt hätte, daß einzelne Projektteilnehmer nicht im Sinne des Auftrages agieren? (Frage der Sanktionsmöglichkeit). Schließlich war nicht definiert, inwieweit eine gemeinsame Ergebnisdarstellung vom Auftraggeber, vom begleitenden Ausschuß und vom Koordinator zu bewerkstelligen war. Eine derart vom Thema her bedeutende und umfangreiche Studie hätte wohl eine größere Beachtung in der politischen und wissenschaftlichen Welt verdient.

2.3 Ergebnisdarstellung

Wie gesagt war die Vorbereitung, was die Literaturaufbereitung und die methodische Vorgehensweise betrifft, in Ordnung. Auch die eingesetzten Ressourcen waren im einzelnen hervorragend ausgebildet und wissenschaftlich ausgewiesen. Ein Teilnehmer an der Klausurtagung vermerkte, daß es schade war, daß aus diesem Humankapital nicht mehr gemacht wurde. Jetzt kann konstatiert werden, daß eine Gesamtwürdigung von Meta II noch aussteht, daß die Vernetzung der Module nicht gelungen ist, da sie sich gleich zu Anfang verselbständigten und dann nicht mehr zusammengeführt werden konnten. Wie immer bei wissenschaftlichen „Veranstaltungen" konnte eine gewisse Selbstbeschränkung der Wissenschaft nicht erreicht werden: Die Anwendungsbezogenheit, die Zielsetzung war manchmal aus den Augen verloren worden. Eine etwas harte Feststellung lautete, man sei auf halbem Wege stehengeblieben.

2.4 Informationsweitergabe

Die Information über die Meta-II-Studie ist unübersichtlich und nicht einheitlich. Es erschien ein „Kurzführer", der aber eher ganz bestimmte Themen aufgriff und wohl nicht in die Kategorie „Wissenschaft" eingereiht werden kann. Dann sind die einzelnen Projektberichte veröffentlicht worden. Mit einem Vorwort des Koordinators sind die Kurzberichte der Projektnehmer erschienen. Schließlich warten wir auf die Veröffentlichung der Berliner Tagung, die im Dezember 1988 stattgefunden hatte, die mehr der Zielsetzung diente, die Einzelberichte zu evaluieren. Eine Gesamtschau („Synthese") fehlt, die in übersichtlicher Weise Fragestellung, Methoden und Ergebnisse geboten hätte. Dieser Bericht betrifft mehr die wissenschaftliche Seite der Meta-II-Studie, da der wissenschaftliche Begleitausschuß davon ausgegangen war, daß eine solche Veröffentlichung der Bedeutung und dem Umfang des Projektes angemessen sei.

3. Methodendiskussion

3.1 Begriffsdiskussion

Eine Anfangsdiskussion über grundlegende Begriffe hat nicht stattgefunden. Hingewiesen worden war schon darauf, daß das Thema eigentlich hätte anders lauten müssen, nachdem feststand, daß das Arbeitsangebot (Angebotsseite des Arbeitsmarktes) nicht in die Betrachtungen einbezogen worden war. Auch der Technikbegriff war immer wieder Gegenstand von Diskussionen. Auch auf dieser Tagung wurde wieder das Thema aufgegriffen, ob nun eigentlich generell der technische Wandel (was das auch im einzelnen bedeuten mag) oder ganz spezifisch neue Technologien (z. B. „die" Mikroelektronik) Ausgangstatbestand waren. Das ganze hätte hingeführt zu der Frage, ob das Thema aus makroökonomischer (technischer Wandel) oder aus mikroökonomischer Sicht angegangen worden wäre. Schon in der Begriffsbestimmung war also die Dichotomie Mikro/Makro-Betrachtung angelegt. Hätte hier der Auftraggeber ein klärendes Wort sprechen müssen, oder hätte man in einer gemeinsamen Sitzung der Projektträger, des Ausschusses, des Koordinators mit dem Auftraggeber dies anstreben müssen oder können?

3.2 Ausgestaltung der Pole

Das Thema der Ausgestaltung der Pole hängt mit der Frage der Begriffsdiskussion zusammen. Wie fundiert ist die Beschreibung und Darstellung der Themenpole Arbeitsmarkt und neue Technologien vorzunehmen, um die Aufgabenstellung zu erfüllen? Haben wir von vornherein diese Polbestimmung bezogen auf die Aufgabenstellung? Zu vermuten ist, daß die Beschreibung und Darstellung manchmal zu breit und deskriptiv ausgefallen ist. Auch hier wäre eine Vorstudie oder ein Vorgespräch hilfreich gewesen.

3.3 Methodenpluralismus

Methodenpluralismus war von vornherein angestrebt, um die Freiheit der Wissenschaft zu gewährleisten und andererseits auch kein Korsett anzulegen, in das sich die Behandlung des Themas hätte möglicherweise zwängen müssen. Die optimale Ausgestaltung ist aber auch hier zu hinterfragen. Einmal ist eine Zielsetzung vorgegeben. Zum anderen ist durch Meta I eine bestimmte Richtung vorgezeichnet gewesen. Die Vorgabe „bottom-up-Methode" war sicherlich ehrgeizig, aber aufgrund der Vorstudien zu begründen. Weniger klar war die Verwendung von Input/Output/Modellen, angereichert durch ökonometrische Nachfragemodelle. Zu viele (theoretische) Restriktionen sind hier in Kauf zu nehmen, was auch aus den „Vorbildern" auf diesem Gebiet („Österreich-

Studie", Studie von Leontief/Duchin) entnommen werden konnte. Eine kritische Diskussion der Anwendung solcher Methoden hätte am Anfang stehen können.

Daneben ist zu sehen, daß die Datenbasis meist lückenhaft war, wenn es um die Ausfüllung von Input-Output-Tabellen, oder wenn es um die Bestimmung von Technik-Indikatoren in der inneren Matrix solcher Tabellen ging. Wie „genau" waren die Verflechtungsmatrizen angelegt, konnte eine Informationsanreicherung dadurch von vornherein vermutet werden?

Möglicherweise ist auch die Auseinandersetzung mit anderen Untersuchungen, z. B. der Strukturberichterstattung, zu wenig im Hinblick auf die methodische „Ausschlachtung" erfolgt. Einmal ist nicht klar geworden, in welchem Umfang die Strukturberichterstattung Eingang in die Meta-I-Studie gefunden hat. Zum anderen ist nicht klar geworden, inwieweit das DIW bei der Anwendung von Input/Output/Modellen auch die Ergebnisse der Studie von Kalmbach mit berücksichtigt hat.

4. Zur Frage der Politikempfehlung

Auch in diesem Gutachten sind Probleme aufgetaucht, die üblich sind in der Wissenschaft. Es werden in bestimmter Weise Ergebnisse abgeleitet unter Anwendung spezieller Methoden, die per se bestimmten Restriktionen unterliegen. Das angewandte Modell ist damit mehr oder weniger realitätsfern. Nichtsdestoweniger werden dann am Ende Politikempfehlungen abgeleitet. Das hat sich so eingebürgert. Es sollte zur Übung gehören, solche Empfehlungen sehr vorsichtig zu formulieren, unter ausdrücklichem Hinweis auf die in die Methode eingegangenen Restriktionen.

Voraussetzung für Empfehlungen sind in der Regel Prognosen. Der Politiker kann mit Vergangenheitsanalysen wenig anfangen. Indessen: Das Thema „Prognose" ist in Meta II kaum behandelt worden. Das Tandem-Modell wurde aus methodischen Gründen verworfen. Die Grundlagen für eine Politikempfehlung waren daher in Meta II nicht vorhanden.

5. Weiterführende Vorschläge

Einigkeit bestand darüber, daß das Ergebnis der Klausurtagung einer Veröffentlichung zugeführt wird. Als weiterführend wurde erachtet, daß ein Raster erstellt werden soll. Unterschieden werden muß die Aufstellung des Rasters und die Ausfüllung des Rasters. Ersteres könnte in Auftragsarbeit geschehen, wobei an ein Team aus der Mitte des Ausschusses gedacht werden könnte. Was die Ausfüllung angeht, so müßte das von den einzelnen Projektnehmern bewerkstelligt werden, wobei hierbei denkbar wäre, einen Moderator zu beauftragen, der die einzelnen Institute besucht und dann einen Ergebnisbericht erstellt, der zur Ausfüllung des Rasters dient. Ideal wäre, wenn das Team und der Moderator eng zusammenarbeiten würden.

Kolibri 360 GmbH
Ferdinand-Jühlke-Straße 7
99095 Erfurt, Deutschland
produktsicherheit@kolibri360.de